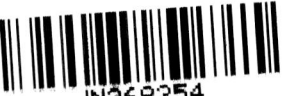

((プロのノウハウ))

現場で学ぶ

住まいの雨仕舞い

玉水新吾 著
TAMAMIZU Shingo

学芸出版社

◈ 目次 ◈

序　雨が漏る前に

◈あってはならないこと

写真0･1は、筆者の散歩コースの一つから見える、山沿いの環境がよい閑静な住宅地です。さまざまな屋根形状があり、なかにはかなり複雑で、施工が難しいものもあります。これらのなかには雨漏りに悩む家も多いだろうと想像します。

住宅において、「雨が漏れる」という現象は、建築主の信頼を失う最も大きい要因で、あってはならないことです。これは当然のことです。

屋根形状は千差万別です。
複雑な屋根も多々あります。

写真0･1　住宅地

しかし現実には、住宅で「雨が漏れる」現象は数多く存在します。雨漏り事例は、きりがないほどたくさんあります。各住宅会社においても、「雨が漏れる」現象の撲滅をめざして、いろいろな工夫をこらしています。それだけ「雨が漏れる」現象は、顧客の満足に及ぼす影響が大きいのです。他は100点満点であっても、「雨が漏れる」というたった一つの現象だけで、建築主の住宅会社に対する評価は地に落ちます。したがって各住宅会社は、この対策に躍起となっています。緊急課題として扱っています。

そして最近はかなり改善が進み、雨漏りは少なくなってきました。しかし、ゼロになったわけではありません。ひょっとしたら、せっかく新築した、一生に一回だけの自分の家で、「雨が漏れる」ことになるかもしれません。

◈建築主という立場

先ほどから「建築主」という言葉を使っています。この言葉に違和感を感じられる方も多いかと思います。

「施主」「施主様」「お施主様」「お施主さん（おせっさんと呼びます）」「お客様」「注文主」「クライアント」などの呼び方があります。住宅業界では、通常「施主」という呼び方をする場合が多いのですが、主従の関係ではなく、契約当事者として対等の立場を重視して、本書では「建築主」という呼び方で統一します。

住宅の建設において、請負契約をするわけですが、よく請け負け契約（請けたら負けということで、施工者側の弱い立場を揶揄したものです）と言われることがあります。建築主が神様で、施工者側が何でも言いなりになるという意味で、このやり方が過ぎると後々問題を起こすことがあります。

◈最も多い相談

住宅相談会が各地で催されることがあります。この相談で最も多いのが、何と「雨が漏れる」現象です。建築主が最も嫌がる「雨が漏れる」現象が、決して稀な現象ではないということです。

住宅性能保証制度の普及団体である㈶住宅保証機構でも、全体の約60%が屋根・壁・防水の雨漏り関連で補償しています。

このところ住宅の欠陥による係争が多くなってきており、年間約2,500件が裁判所に持ち込まれ、医療訴訟に次いで多くなっています。その中でも雨漏り関連にまつわる場合が多く、加えて、裁判所に持ち込まれるのは氷山の一角と考えなければなりません。

◈漏れない建物をつくる

30年以上も前の大昔の話ですが、筆者が大学の建築学科に入学し、建築を学びだしたころ、ある有名な教授が言いました。「雨の漏れる建物は建築ではない」。この教授は現在でも大家として多方面でご活躍中ですが、この言葉だけが、なぜか強烈に記憶のなかに残っています。

一方で、「雨が漏れる」現象の対策は決して簡単ではありません。雨漏り個所の特定が実に難しいのです。しかも、雨漏り個所の完全な手直しも難しいのです。したがってやはり、最初から雨の漏れない家を設計し、雨の漏れない家を施工するのが良いのです。

◈漏れる部位

「雨が漏れる」といっても、すべてどこからでも平均的に雨が漏れるわけではありません。雨が漏れる部位と漏れない部位があるのです。正確には、「雨の漏れる」可能性の高い部位（図 0·1）と、「雨の漏れる」可能性の低い部位ということになります。「雨の漏れる」可能性の高い部位といっても、１軒の家にそんなに数多くあるわけではありません。しかし少ないわけでもありません。建物の敷地条件、プラン、デザイン、屋根の形状、バルコニーの有無などによります。

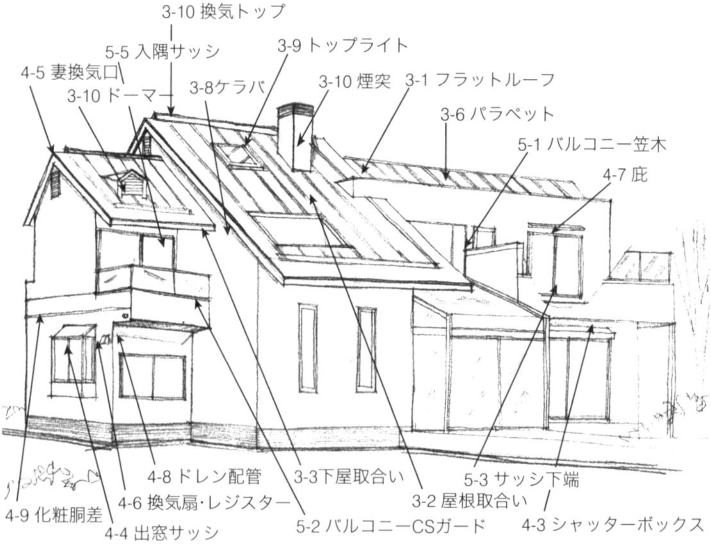

図 0·1　雨漏りしやすい部位の例（※数字は第３～５章の節を示す）

◈ 80%はなくしましょう

パレートの法則というものがあります。80：20の法則ともいいます。この法則は何かといいますと、問題全体の80%は20%の問題に集中するという経験則です。たとえば、カーペットの汚れ全体の80%は、20%の部分に集中する。20%分取り替えれば、80%きれいになるというものです。最初から100%の完璧は求めません。これは費用対効果を考えますと、きわめて現実的な解決方法です。20%の努力で80%解決するのですから。逆に、残りの20%を解決するには80%の多大な努力をしなければなりません。効率的ではありません。

したがって、「雨が漏れる」可能性の高い部位に対して、その物件でかけることのできる力全体の80%の力を集中して、対策をうつことになります。「雨が漏れる」可能性の低い部位に対しては、残りの20%の力を注ぐことになります。技術の世界では、急所を押さえるという言い方をします。

住宅の場合、施工者側の技術屋は、その物件1軒だけで仕事をしているわけではありません。多くの物件を同時に担当しています。その物件だけに力の100%を注ぐことはできません。同時に多数の物件を担当し、忙し過ぎるという点が問題です。長期保証に関わる雨漏りのことですから、もちろんゼロが好ましいのですが、まず、第一目標は80%です。

◈設計段階と施工段階

雨漏りを防ぐためには、設計段階と施工段階の2点に分けて考えます。

1 設計段階

最初から、雨の漏れる家を設計しない。すなわち雨の漏れない家を設計する。同じ平面プランであっても、屋根・軒先などの形状を工夫すれば、雨の漏れにくい家にすることは可能です。どうも水を受ける個所が多すぎる、すなわち雨の漏れやすい家を、雨が漏れるように設計しているような気がしてなりません。設計者のなかには、「私の設計に合わせて、現場で雨が漏れないように対応しなさい」という考え方をする人もいます。このような自分中心だけの考え方をする設計者とは、付き合わない方が良いと思います。

外観デザインを印象付ける設計は、雨漏りの危険性を数倍に押し上げます。複雑になるほど、建設コストは上がり、住宅の性能は落ち、耐久性は劣ります。現場の職人がどのように納めるかを迷うような建物は、雨漏りなど、何らかの欠陥が内在していると考えられます。リスクの少ない家づくりの方が賢明です。

2 施工段階

もしも、雨の漏れる可能性の高い部位が設計のなかに含まれるのなら、その点を集中的に、雨が漏れないような対策を講じる。全体に力を注ぐのではなく、危ない個所だけを集中的に対処する。集中的に対策すれば、いかなる場合でも、現在の技術力・施工力があれば、雨漏りを防ぐことは可能です。ただし、永久に雨漏りが発生しないことを保証するものではありません。

優先順位として下記の①②になります。

①雨水が建物に入らない工夫をする〈1次防水〉。

②もし、雨水が入ったならば、本体を傷めないうちに速やかに排出する〈2次防水〉。

◈これから住まいをつくる幸運な建築主へ

「雨の漏れない設計にする」のが無難な考え方の第一です。ただ、せっかく一生に一回だけの、特別の想い入れのある住まいをつくるというときに、無難だけでは気がすまない場合もあるでしょう。その場合は、雨の漏れそうな個所を把握して、そのための特別対策を講じることになります。事前に危険個所がわかれば、必ず何らかの対処のしようがあります。ただし特別に対処するということは、一般に工事費用は若干割高になります。

しかし、私にはそんなに割高とは思えません。高いか安いかは人によって感じ方が違うものですが、高くても住まいの建設費用全体からみれば軽微な範囲でしょう。この追加費用負担は、将来のメンテナンスコストなどを含めた総合的な費用で検討すべきものです。この追加費用負担がどうしてもイヤなら、そのデザインは採用すべきではありません。追加費用の負担をしなくてもすむ、別のデザインが必ずあります。そちらを希望すればすむことです。決しておかしなデザインということではありません。むしろ、より一般的なデザインである場合が通常です。

お金をたくさんかけた豪邸だからこそ、雨の漏れる悲劇が起こる場合も多々あります。睡眠中の夜中に、耳元にポタッと、雨漏りの音がするとすぐに目が覚めます。この音は、何ともいえない気持ちになります。しかし、雨の漏れそうな個所をあらかじめ想定し、きっちりと仕事をすれば、雨漏りは防ぐことができるのです。

◈決定権は建築主に

設計・工事は、設計事務所・住宅会社・工務店・職人がやりますが、決定権は建築主にあります。決定するのは唯一建築主だけなのです。設計者ではありません。設計者が自分の趣味でこだわったものを、安易に採用すべきかどうかは検討が必要です。デザインのみの追及ではなく、「雨が漏れない」という住まいの基本性能がまず前提条件にあるということを頭においてください。この基本性能は重要な点ですから、よく理解しておいていただきたいのです。

◈雨漏り解消のウデをみがく

この本のなかでは主として、低層木質系の戸建て住宅（在来木造・2×4工法・木質プレファブ工法）を扱います。

住宅といっても呼び方はさまざまです。設計事務所・建築家は「作品」と呼びます。「作品」は設計を担当する建築家の主張が前面に出過ぎ、主役であるはずの建築主がかすんでしまいます。

住宅会社は「商品」と呼びます。不動産屋は「物件」と呼びます。「商品」「物件」も品物であって、温かみを感じない言葉です。

一般の方は「家」と呼びます。通常使う言葉ですが平凡です。

家に特別に愛着のある方は「住まい」と呼びます。私は「住まい」という、温かみを感じる呼び名が好きで、本書のタイトルにもしました。どのような呼び方であろうと、住宅の雨漏りを少なくしましょうというのが本書の目的です。

木質系住宅会社・工務店の若手技術屋、大工・その他職人、建築主が、住宅を建設するときの参考になるように、このあたりのノウハウを取り扱います。雨漏り問題の80%をなくすために20%の努力をしましょう。雨漏り問題の残りの20%については、しかるべき専門家に任せます。

住宅の雨漏りを解消することは、決して簡単なことではありません。しかし、過去の経験から、雨の漏れやすい部位があり、それがどこかは、技術屋・職人は知っています。その知識と経験・技術・意欲、すなわちいわゆるアタマとウデとヤル気があるわけですから、現在の雨漏りの80％くらいは解消できないとメンツを保つことができません。

いかなる雨漏りも、現在の技術力をもって、コストと時間をかければ、十分対処可能です。ただし、永久に雨漏り防止を保証できるものではありません。建築主に対しては暴言になりますが、技術屋にとって貴重なのは体験です。それは本を読んだだけでは勉強することのできない、仕事を通じてしかマスターすることのできないものです。技術の習得には、この体験とそのための時間がどうしても必要なのです。

第1章
住宅の雨漏りとは

1 住宅の施工者にとっての「雨漏り」

◈品確法では

「住宅の品質確保の促進等に関する法律」（通称：品確法）に該当する住宅において、雨漏りの瑕疵（かし：隠れた欠陥。通常期待される性能を、欠くこと。）保証は原則10年です。10年保証が義務付けられたのは、「構造耐力上主要な部分」と「雨水の浸入を防止する部分」です。それだけ雨漏りを放置しておくと、建物の耐久性に大きく影響し、大きな被害となり、建物倒壊など入居者の生命・財産の危険も考えられます。建物引渡し後10年以内に雨が漏れると、住宅会社が保証してくれる有難いシステムです。大手住宅会社では、構造や雨漏りなど長期保証を要する点においては、ほぼ横並びで最低10年間は保証してくれます。仕上げや設備などは、一般に1～

雨漏りのために、外壁の仕上げタイルを剥がし、下葺き材のアスファルトフェルトを剥がし、下地の木部を露出させて、被害状況を調査しています。それは大変な作業です。

写真1・1　雨漏り原因追及

2年前後の保証です。すべてが10年保証ではありませんので、念のため。

◈メンテナンスの期間

なかには、10年目に住宅会社の指定する有償点検ならびに有償メンテナンスを実施すれば、さらに10年（5年）間保証期間を延長してくれます。費用はかかりますが、実質20年保証、さらに延長も可能となります。

良心的な住宅会社では、15年前に施工したバルコニーの手すりからの雨漏りをすべて無償でなおしています。15年前には、このような長期保証システムはありませんでした。これは保証期間経過後に急に雨が漏れるわけではなく、じわじわと漏れていたからです。たまたまバルコニーという外部空間で、室内に「雨が漏れる」現象が露呈しなかっただけです。しかし、「雨が漏れる」現象自体は起こっていたのです。バルコニーを解体してみると、相当の被害になっています。これをみるとさすがに、「建築主の責任ですよ」とは言えません。無償でなおしています。法的には保証期間が経過している以上、補償しなくても通用します。必要なら有償対応すればよいものです。

一方、保証書では10年保証ですから、「雨が漏れる」現象を建築主が10年以内に指摘しなければ免責になります。このあたりの判断は、住宅会社の取り組む姿勢、企業文化ともいえるものがあるかもしれません。そのときの企業の経済状況にも影響します。

◈発見は早いほどよい

いずれにしても大きな問題にならないように、実際に住んでいる建築主が一番よく状況を把握しているわけですから、疑問点があれば調べる必要があります。すぐに住宅会社に相談する行動が必要です。異常の発見が早ければ早いほど、復旧は簡単です。病気も同様ですが、手遅れになれば、多大な費用と時間が必要となります。異常とは、正常でないすべての状態を言います。なかには、取り返しがつかなくなってから、初めて住宅会社にクレームをつける場合もあるようです。建築主が異常に気がついていても、住宅会社に連絡するのは、忙しい・面倒くさい・おっくうであるなどの理由で先延ばしにしてしまう場合が多いのも事実です。これは建築主と住宅会社の双方にとって、決して良いことにはなりません。後で双方のコスト負担、ならびにストレスが大きくなります。

◈気づくのは建築主

建築主は一般に、家のなかは掃除をします。もっとも掃除をしない方もおられますが、それは別としましょう。家のなかに比べて、家の外を掃除しない場合が多いような気がします。家の外とは、平面的な庭ではなく、立体的な外壁・屋根などの意味です。掃除をすれば、気がつくことが多々あります。ということは、掃除のしやすい家であることも必要です。掃除のしにくい家は問題があることになります。何といっても、実際に住んでいる建築主が一番よく状況を把握しているわけです。プロであっても、実際に住んでいない人にはわからないものです。

◈影響の大きい雨漏り

たとえ、住宅会社が無償で手直ししてくれても、コスト自体はかかっています。住宅会社が、その下請け業者と責任分担しながら負担しているわけです。外壁を解体撤去してやり直しますと、仮設工事の足場も含めると数百万円のコストが現実にかかる場合もあります。家1棟分の利益が、軽く吹っ飛んでしまいます。それだけ「雨が漏れる」現象は、住宅会社にとって影響の大きいものです。建築主にとっても影響が大きいのは当然です。

そして、それだけのコストと手間ひまを掛けているのですが、果たして建築主は満足してくれているのでしょうか？　建築主が日常生活をしながら、職人が入って手直しするのは大変です。手直し現場に立ち会ってみるとわかりますが、ものすごい量の埃が舞い上がります。施工する人も同じく大変です。ご近所に対しても迷惑をかけます。第一、格好の良い話ではありません。

◈100－1＝0？

100 － 1 ＝ 99が数学上の正解ですが、100 － 1 ＝ 0ということが起こる場合があります。これは雨漏りの場合も含むのですが、いわゆるCS（Customer Satisfaction）と呼ばれる顧客満足でのことです。他の99％に問題がないのに、たった1％のクレーム（雨漏りもそうです）がすべてのように感じてしまいます。あくまでも感じるのは建築主です。99％を満足させたにもかかわらず、たった1％のためにすべてを失う場合がよくあります。住宅会社が一生懸命した仕事のうちの、せっかくの99％の努力がムダになる、悲しい瞬間です。この状態を元に戻すには、大変な努力が必要になります。いくら努力しても、二度と元に戻らない場合がほとんどです。住宅会社として、リピーターにつながらない不毛の仕事になります。

◈ハインリッヒの法則とは

住宅現場では、労働安全衛生法という法律が適用されます。通称、安衛法と言われます。建設現場では当然のことですが、事故・災害がなく、安全第一に進めなければなりません。不幸にして労働災害事故の起こった現場は、被災した本人・家族はもとより、建築主にも大きな迷惑をかけることになります。当然、施工した会社、元請に対してもすべてにわたって大変です。警察署・労働基準監督署の立入り調査もあります。罰則規定もあります。

発生する事故を分析した結果として、この分野では有名な「ハインリッヒの法則」というものがあります。1930年代にアメリカのH. W. ハインリッヒが発表しました。

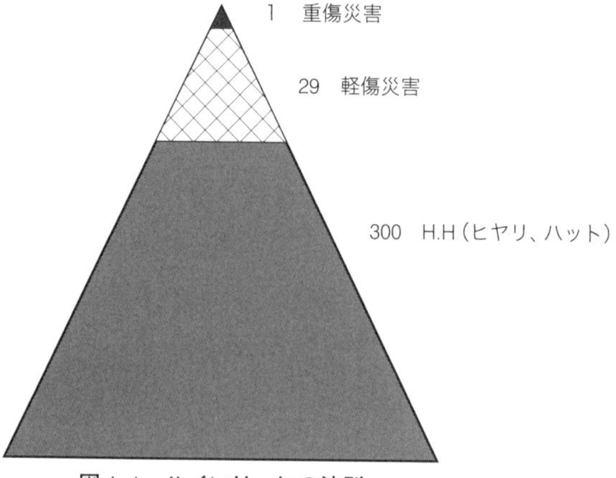

図1･1　ハインリッヒの法則

これは約50万件の労働災害を分析した結果、重傷災害：軽傷災害：ヒヤリハットの発生割合が1：29：300という経験則です。したがって、「1：29：300の法則」ともいいます。ヒヤリハットというのは、ひやっとした、ハッとした、けれども事故にはならなかったものです。事故はこのような割合で発生しているということです。この下には、慣れっこになって、ひやっともしない、ハッともしない不安全な状態や不安全な行動があるということです。ピラミッド型になっているところを注目してください。氷山の一角だけが一般に知るところとなりますが、本当はその下に危険なところは数多くあるということです。

この法則は、本来は労働災害の法則ですが、現実に起こっている経験則ですから、いろいろなところで使えます。

◈雨漏りで応用する

たとえば、雨漏りの大クレームが1、対処可能な小さな雨漏りが29、とりあえず雨漏りはしていないが、現場の技術屋・職人が雨漏りの危険を感じるところが300といった具合です。

雨漏りによる大クレーム現場では、その個所の雨漏りだけかといった視点でみると、他にも問題の可能性がかなり見つかるはずです。偶然その個所だけが露呈しただけで、その根はピラミッド型になっていますから、それですべてではないといった気持ちで念入りにチェックする必要があります。

現実に雨漏りクレームになる現場では、コスト重視のできるだけ小さな被害で食い止めようという考えは、うまくいかない場合が多いのです。むしろ必要以上に手間とコストをかける覚悟をしてから対処する方が、うまくいきます。雨漏りはきわめて重大な問題になります。重大な問題と認識するのは建築主です。施工者側は、手直しのためのお金と手間と時間をけちってはいけません。この蓄積が、会社にとって、技術屋にとっての貴重な財産となります。

◈重要なコミュニケーション

建築主と住宅会社のメンテナンス担当者とのコミュニケーションも重要です。その住宅会社のシステムに応じた定期的メンテナンスチェックは実施されますが、問題は、建築主が不定期に何らかの異常を発見した場合、疑問に感じた場合などの、メンテナンス担当者とのコミュニケーションです。その際の建築主側からの申し出が重要です。メンテナンス担当者側から何らかのアクションを起こす場合もありますが、それは例外です。いずれにしても、気軽に相談しやすい環境が必要です。

◈総２階の利点

次ページの**写真1･2**のような寄棟屋根で軒の出のある場合、かつ下屋がついていない総２階の建物は雨漏りがしません。軒の出・ケラバの出のある切妻屋根、かつ下屋がついていない総２階の建物も同様に雨漏りがしません。しかも構造的に最も安定しています。阪神・淡路大震災のときに数多くの現場の被害調査をしましたが、このようなシンプルなプランの現場が、一番被害が少なかったのです。お金をかけてプランが複雑になった建物ほど、構造上の被害も多く発生しました。そして雨漏りの点でも同じ結果となります。お金をかけた邸宅だからこそ起こった悲劇ともいえます。

写真 1・2　寄棟の家(1)

寄棟で軒の出のある屋根は、雨漏りの観点からは安心

写真 1・3　寄棟の家(2)

総 2 階の寄棟屋根で軒の出があります。
雨の漏りようのない完璧な屋根です。

写真 1・4　切妻の家

2 階の屋根は軒の出のある切妻タイプの屋根です。
トップライトなどもありませんから問題なしの屋根です。
漏れるとしたら下屋まわりです。

総2階の家は、工事担当者にとって、問題が少ないために手離れが良いのです。職人もまた手直しが少なく手離れが良く、メンテナンス担当者も問題が少ないから手間がかかりません。営業・設計担当者も、平面プランが比較的簡単ですから、手間がかかりません。住宅会社にとっても、結果的にコストがかからないことになります。そして営業政策的に、契約金額を下げることが可能となります。建築主にとっても、問題が少ないためにストレスもコストも少なくなります。すべての人にとって良いことずくめで、皆が儲かることになります。ただし、デザインとしては面白みに欠けることになるようで、あまり好まれない結果になっており残念です。

雨漏りという観点で考えますと、寄棟や切妻屋根の総2階の家は最高です。**写真1・3**や**写真1・4**のような、シンプルなプランの家も雨漏りしない家です。このようなプランで、素晴らしいデザイン・人気の出るデザインが可能ならば、さらに良いのですが。

2 雨漏りによる２次被害―シロアリ

◈水がシロアリをまねく

最近の住宅は、断熱性と気密性の向上や、基礎の形状・木部を外部に現わさないなど、昔の建て方とは構造的に変化しています。シロアリ対策として通常、薬剤による防蟻処理を行います。通常の基準では、建物内の土壌処理と、地面から1m以内の部分の構造体に薬剤を散布します。その上部は何も行いません。通常これで問題がないのです。通常でない場合とは、雨漏りや結露水により、水分の供給がある場合です。この場合は、シロアリが繁殖する可能性がきわめて高くなります。

雨漏りは、雨漏りの被害だけではなく、水分の供給という現象によりシロアリ被害という２次被害を及ぼします。対処せずに放っておくと、取り返しのつかない事態に進展します。特に入居者のいない売れ残りの建売住宅や、たまにしか使用しない別荘などは、定期的に風通しや点検を行わないと大変なことになる場合があります。

日本では、一般にヤマトシロアリとイエシロアリの２種類が問題となります。図1·2のように、ヤマトシロアリのみが生息する地域とヤマトシロアリ＋イエシロアリ（激烈な被害を及ぼします）が生息する温暖地域では被害の程度が異なりますが、イエシロアリが生息する温暖地域では、シロアリは地面からのみ侵入するわけではなく、上部からも侵入します。それは水分の供給がある場合です。

◈防蟻処理のしかた

防蟻処理の薬剤ですが、昔は有機塩素系の強力な薬剤を使用していました。何といっても施工後10年近く、アブラムシも寄り付かないなど良い面があったのですが、強すぎるということから環境面で禁止されました。その後、有機リン系の薬剤に変更されましたが、これも環境面の配慮から禁止されました。シロアリに悪いものは、人間にも良いわけがありません。時代の要請で、現在は合成ピレスロイド系（除虫菊の成分）などの、環境に配慮した薬剤処理で対処しています。当然、シロアリに対する効果は落ちております。アブラムシも平気で走りまわります。防蟻対策と環境面の配慮は、トレードオフの関係になります。建築主によっては、薬剤散布自体を否定される場合もあります。

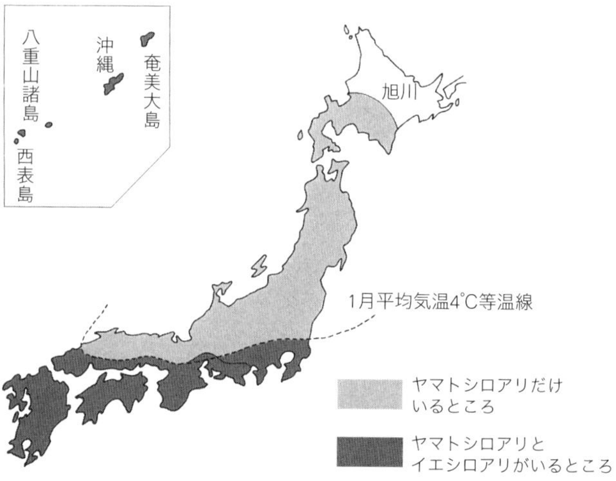

図1·2　シロアリの種類と分布（出典：日本農薬株式会社パンフレット）

◈シロアリに侵された建物

和歌山県の現場の実例ですが、建築主からシロアリ発生の疑いで異常の連絡がありました。和歌山県は温暖気候で、激烈なイエシロアリの生息地域です。当然、シロアリ被害も多く発生する地域です。シロアリ業者に調査を依頼し、シロアリ発生の事実を確認しました。当然、シロアリ駆除の処理も行いました。本来ならプロとして、これで完全に処理しなければなりませんでした。しかし、完璧な駆除処理ができておりませんでした。

数年後、再発と駆除処理を数回、繰り返した後、こちらに情報が入り、別の信頼できるシロアリ専門業者を同行して現場確認しましたが、建物本体の構造材の軒桁に至るまで被害にあっており、どうにもならない状態でした。最終的には、住宅会社とシロアリ業者の責任で、建替えに至りました。その解体中の現場に行きましたが、小屋組のシロアリ被害状況を目の当たりにして、背筋の凍る思いと同時に、シロアリ発生時には徹底的な駆除処理を実施しておかないと、とんでもないことになると反省した次第です。このような場合

シロアリに食い尽くされたバルコニー手すりの下です。

写真1･5　シロアリ被害(1)

シロアリの恐ろしさは、雨漏りがあれば、どこでも被害が発生することです。

写真1･6　シロアリ被害(2)

の駆除処理は徹底的に（むしろ大げさに）、実施しなければなりません。手直し予算を考え過ぎてケチったり、中途半端な処理ではダメです。結局高くつくことになります。シロアリ被害の場合、高くつくという金額は、とんでもない金額になります。

◈原因は雨漏りの場合が多い

万一、シロアリ発生の場合には、水分の供給（雨漏り、結露）がないかという点からも確認が必要です。シロアリ被害の原因として、雨漏りである場合が非常に多くあります。前ページの写真1・5や写真1・6を参照ください。シロアリの専門家によりますと、防蟻処理を施工した現場で、入居後にシロアリが発生する場合、その80～90％に何らかの雨漏りがあると言います。決して誇張した数字ではありません。

一度シロアリにとりつかれますと、木部だけでなく、断熱材、電線、ビニールなど、有機物以外までもかじりつくします。もっとも雨漏りがなければ、ここまで被害は及ばないはずです。

ちなみに日本全体のシロアリによる被害金額は、火災による被害金額に匹敵すると言われています。その80～90％という主たる原因が雨漏りによるとするならば、きわめて大きな問題です。

雨漏りを撲滅させることができれば、立派な社会貢献になると思います。もっとも、雨が漏らないのが当り前であって、漏らないからといって評価はされません。がしかし、雨が漏れば、逆に評価は大きく下がることになります。つらい立場です。

第2章
雨漏りの要因

1 屋根下葺き材と外壁下葺き材

◈屋根下葺き材に使われる材料

一般的に、屋根の下葺き材として使用されるものは、「アスファルトルーフィング940」です。一般的ということは、通常の屋根勾配(3～6寸）で、問題の少ない一枚屋根のような場合です。トップライト・ドーマー・煙突・換気トップ・下屋・棟・隅棟・谷などの、何らかの取り合いがある場合は、雨漏りに関しては条件が極端に悪くなります。当然、雨漏りに対する追加対策を講じる必要があります。たとえば、問題個所の周囲のみ、増張りとして2重にアスファルトルーフィング940を増し張りするか、あるいはレベルアップした改質アスファルトルーフィング（性能を上げるために合成ゴム・プラスチック樹脂などを添加したもので、通称ゴムアスルーフィングといいます）や粘着性のある高分子系シートおよびゴムアス防水紙を使用します。

表記にある940とは、1m^{2}あたりの重さが940g以上あるという意味です。21mで1巻きになっており、昔の表現では「22kg/巻」といっていました。これより軽いと、性能に問題があるといえます。

◈水の流れに沿って張る

張り方は当然ですが、水が流れやすいように、水の流れる下から先に張ります。そして順次、水上に向かって張ります。水の流れに

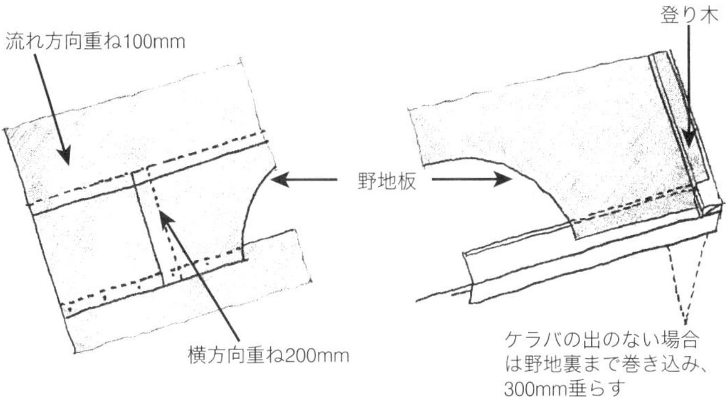

図2·1　アスファルトルーフィング重なり寸法

逆らうことはできません。アスファルトルーフィングの重なりは、流れ方向100mm、横方向200mmが標準です（図2·1）。水を受けずに、滞留させずに、速やかに流してしまうというのが基本です。

国家資格「1級建築士」の試験問題のなかに、下のような選択肢問題がありました。

「アスファルトルーフィング類の重ね幅は、長手および幅方向とも100mm程度とする。水の流れに逆らって張る場合には、150mm以上とする」というものです。そしてこの選択肢は、何と正解ということです（次ページの図2·2参照）。

◈問題のおきない張り方を

水の排出という流れを考えると、水勾配に沿う長手方向と水勾配に沿わない幅方向が、同じ重なり長さというのは問題でしょう。また、水の流れに逆らって張るのは問題です。

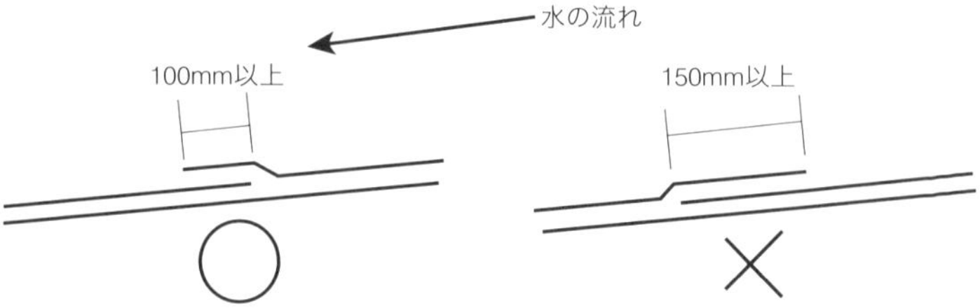

図 2･2　水の流れとアスファルトルーフィング重ね

少しでも水が溜まる個所があれば、長い目でみると、問題が生じる可能性がきわめて高くなります。100mm の重なりを 150mm にして配慮はされていても、現場では問題が生じます。将来への禍根を残すことになります。いかなる場合であっても、現場で水の流れに逆らって張ることは不可です。水の流れは、自然の法則にしたがい正直です。一時的にはごまかすことができても、長い先には必ず問題が生じることになります。特に雨漏りの保証期間は長期にわたります。10 年といったスパンでは、正しい施工方法で対処しておかないと、時間の問題ということになります。

◈条件が悪い場合

勾配の緩い屋根（3 寸未満）や R 屋根（ドーム状、つまり最上部は勾配がなくフラット状態）が、採用される場合があります。このような場合は、当然雨水の流れは悪くなります。雨水の排出される速度が低下し、永く屋根に滞留しますから、雨漏りの可能性は飛躍的に高まります。また流れ長さの長い場合、つまり大きな家の場合も永く滞留します。建築主が特別にこだわるデザインの屋根ならかまいません。施工面の対策で対応すればよいことです。雨漏りの可能性やメンテナンスの費用を承知したうえで、屋根形状を決定すべきです。

このような雨漏りの条件の悪い場合においては、通常のアスファルトルーフィング１重張りではなく、２重張り（軒先・本体～下屋取合い・平棟・隅棟部分・谷部分などの部分的あるいは全面）にします。または粘着性のある高分子系シートおよびゴムアス防水紙(片面粘着と両面粘着があります)などにレベルアップする必要があります。またこの際には、屋根の流れ方向の長さが長ければ長いほど、水の流れは悪く、長時間屋根に滞留することになります。屋根材メーカーは屋根勾配によって、流れ長さを５～10mで制限しています。この制限を越える場合には、下葺き材をレベルアップするなどの個別対策が必要となります。屋根に穴を開け、突起物（トップライト・ドーマー・煙突等）など障害となるものがある場合には、下葺き材の増張りなどの補強対策が必要となります。総合的に判断して、屋根下葺き材を決めなければなりません。

いわゆる標準仕様のまま、アスファルトルーフィング１重張りを採用してはダメということです。

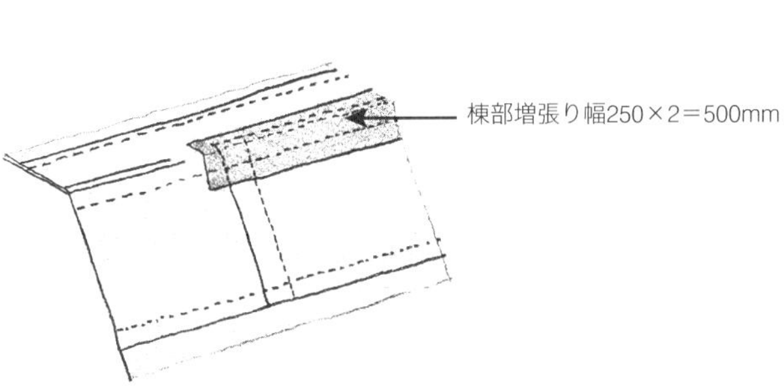

図2･3　平棟の増張り

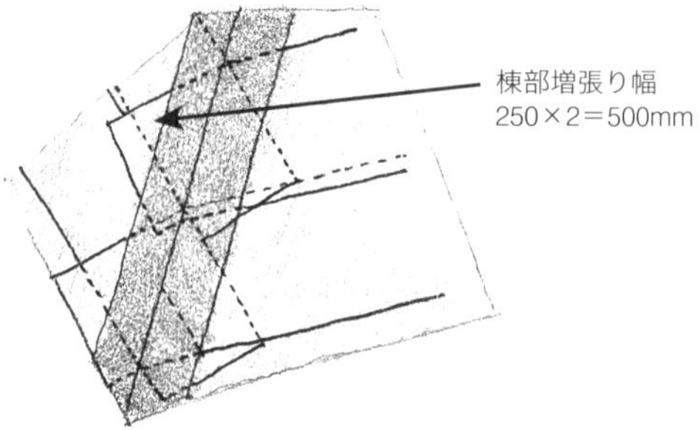

図 2･4　隅棟の増張り

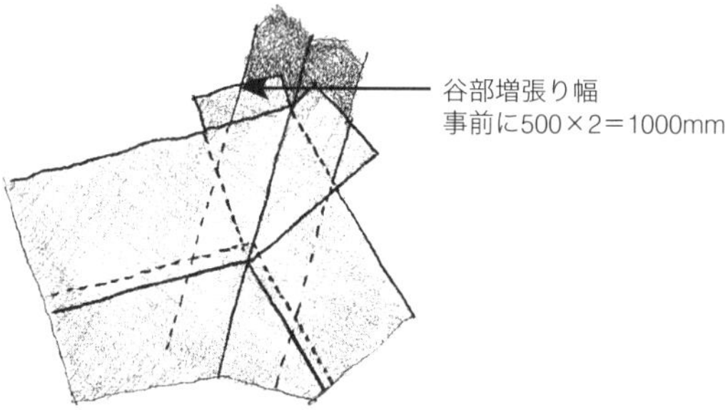

図 2･5　谷の増張り

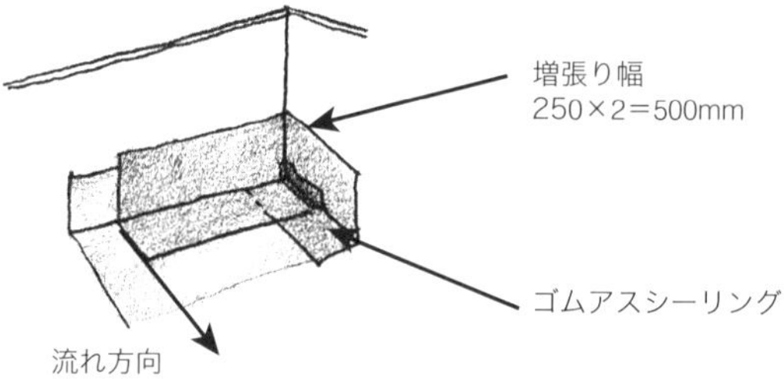

図 2･6　壁取合い入隅部

◈弱点になりやすいところこそ補強を

写真 2･1 はある分譲住宅の例ですが、本体〜下屋取合いの増張り補強がされていません。屋根のアスファルトルーフィングが一応立ち上がっていますが、本来ならば 250mm 以上の立上げを確保した増張りを施工すべきところです。

住宅では下葺き材の増張り補強まで、図面・仕様書に指示しない場合が通常です。標準マニュアルにはあるでしょうが、監督者・屋根業者に任せる場合があります。いわゆる人の問題になります。将来の雨漏りを考慮して、耐久性のある材料を選択したいものです。下葺き材は後から見えないところなので、ついコストダウンの対象になりやすいですが、どこに何を使用するのかを確認するべきです。勝手に現場で、とんでもないものが使われる可能性があります。あくまでも可能性であり、常に起こる現象ではありません。しかし長期保証条項で、後から確認できなくなるところは要注意です。どの部位にどの下葺き材が使われるという設計で、現実に設計通りに施工されたのかの確認が重要です。可能なら写真に記録すると良いでしょう。

このようなアスファルトルーフィングの切れ目は弱点になりやすいところです。
増張り補強が必要です。

写真 2･1　本体〜下屋増張り補強なし

◈外壁下葺き材に使われる材料

一般的に、外壁の下葺き材として使用されるものは、「アスファルトフェルト430」です。一般的ということは、透湿防水紙が使われる場合も多いからです。湿気は透過するが、水はシャットアウトするという優れものです。水蒸気は雨水と比較して小さい粒子であるために、防湿層を設けてもある程度の浸入が考えられます。そのための対策として、サイディング材の室内側に通気層を設けて、上下に解放します。水蒸気が屋外に拡散するための通り道をつくります。この通気層の効果により、壁体内の湿気が外部に排出され、またサイディング材の接合部分から浸入した若干の雨水も、速やかに排出します。

金額はアスファルトフェルト430と比較して、若干アップします。出隅・入隅の加工も、アスファルトフェルト430と比較してゴワゴワしておらず、施工しやすいのです。

表記にある430とは、1m^{2}あたりの重さが430g以上あるという意味です。屋根下葺き材の21mとは違って、42mで1巻きになっており、昔の表現では「20kg/巻」と言っていました。これより軽いと、性能に問題があるといえます。

張り方は当然ですが、垂直の外壁の水が流れやすいように、下から先に張ります。そして順次、上に向かって張ります。この逆の張り方をしますと、水を受けてしまいます。

アスファルトフェルトの重なりは、図2·7のように、流れ方向100mm、横方向200mmが標準です。(外壁材メーカーのカタログには、流れ方向90mm、横方向150mm以上となっています。)

これは屋根下葺き材と同じです。しかるべき重なり長さを確保し

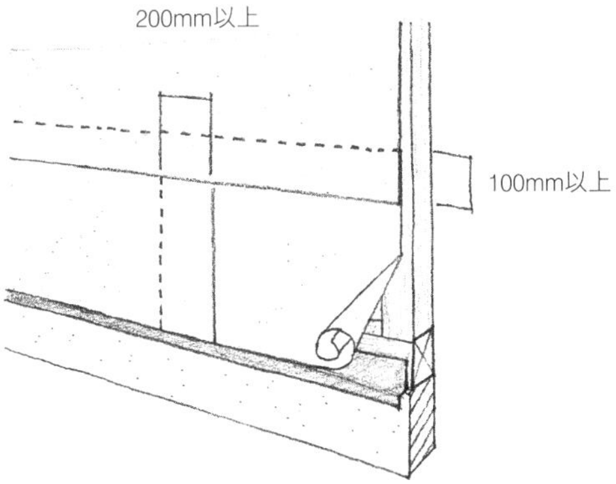

図2・7　アスファルトフェルトの重なり寸法

たうえで、すき間なく張ることになります。すき間なく張ることができれば、雨漏りはしないことになります。

繰り返しますが、いかなる場合であっても、現場で水の流れに逆らって張ることはダメです。水の流れに逆らって張ることは自然の法則に逆らうということであり、将来必ず、何らかの問題が生じると思ってください。水を受けることになれば、その個所で水が滞留します。水がほんの少しでも、アスファルトフェルトの重なり部分に浸入しますと、じょじょに浸入する水量は増加します。

◈外壁の場合の問題点

ただ、屋根は防水性能だけが問題でしたが、外壁の場合は屋根と違って、防水性能以外に透湿性能という問題が生じます。室内からの湿気を、外壁の壁体内を伝わって外部に排出させる必要があります。写真2・2は、外壁にアスファルトフェルトの代わりに、透湿性能を重視した透湿防水紙を施工したものです。

透湿防水紙の施工途中です。通気工法でなければ、釘穴シール性はありませんので、アスファルトフェルトにします。

写真 2・2　透湿防水紙

したがって、防水性能のみを考えた屋根の下葺き材を外壁に使用すると、防水性能はアップするものの、透湿性能をダウンさせ、結露という別の問題が発生しますからダメです。

◈結露という問題

結露とは、夏場に冷蔵庫で冷やしたビールを気温の高い室内に置いておくと、すぐに汗をかくように水滴がつく現象のことです。温度と湿度の関係で起こる現象ですから、夏場・冬場の外気温や室内設定温度の差によっては、必ず発生します。

◈仕上げ材料が異なる場合

このような実例があります。

外壁の下半分がタイル施工、上半分がサイディング張りといった具合に、仕上げ材料が異なる場合です。職人もタイル職人とサイディング職人というように異なるわけです。同じ外壁ですが、上下で張り分ける場合は特別の注意が必要です。職人が異なっても、同じ外壁施工会社なら職人同士の調整がある程度可能ですが、会社が異なれば要注意です。上下作業の場合は施工の安全上、一般に同時作業は行いません。必ずどちらかが先行します。当然、その先行作業部分の外壁下地材だけを張って、後作業の部位の外壁下地材は施工しません。責任問題が生じますから、この考え方は正しいのですが、外壁下地材の重なり部分がどのように納められるかが問題になります。フェルト類は垂らしておくと、風が吹くとまくれ上ります。そこから破れます。したがって、タッカーで仮止めします。このタッカー釘を丁寧に取ればよいのですが、現実に取り去るのは困難です。無理に剥がせば、フェルトが破れてしまいます。せっかくの防水紙の役目を果たさなくなります。

ではどうするか？　その上から張っていくことになります。つまり、この個所は水の流れに逆らって張ることになります。注意して確認しないと、見過ごす場合が多々あります。先行して施工した部分は自分の責任ではないと、勝手に解釈する職人がいます。職人は、現実には本来どのように施工すべきかを知っています。しかし、このような場合が生じる可能性があります。同じ外壁で、タイル部分とサイディング部分などの取合いで、職人が変る個所は要注意です。必ず、水の流れとフェルト類の重なりの上下を確認してください。後から提出された写真だけでは、確認のしにくい個所です。

◈入隅の施工ポイント

現場では、カッターナイフでフェルトをカットすることがあります。たとえば入隅個所です。1枚の防水紙では、折り曲げるだけではうまく施工できません。やむを得ずカットすることになり、「ピンホール」と呼ばれる小さな孔が生じます。隅の、もっとも水を呼び寄せる個所に孔が開いていることになります。雨の量・時間や風の強さによっては、このような小さな孔からでも漏れます。

このような場合は、特別の対策を講じないと雨漏りを止めることは困難です。樹脂製の役物（コーナー防水用）を使用することによって、この問題は解決します。要は、その部位に応じた適切な防水施工方法を採用することです。

たとえば、図2·8の「CSガード」と呼ばれる樹脂製の役物があります。これは重要ですので、別に詳細（P. 183参照）をお話しますが、基本的には水が漏れやすい入隅部などにすき間ができず、CSガードとフェルト類の重なりの上下を考えて適切に取り付けることができれば、雨が漏れることはありません。適切でない逆の張り方では、かえって水を呼び込む結果になりますから注意が必要です。

フェルト類だけで、全個所をすき間なく施工するのは無理があります（カットすることにより、必ずピンホールができるためです）ので、入隅や出隅には、このような樹脂製部品を使うのがよいと思います。CSガードを組み合わせれば、さまざまな部位に使用可能です。

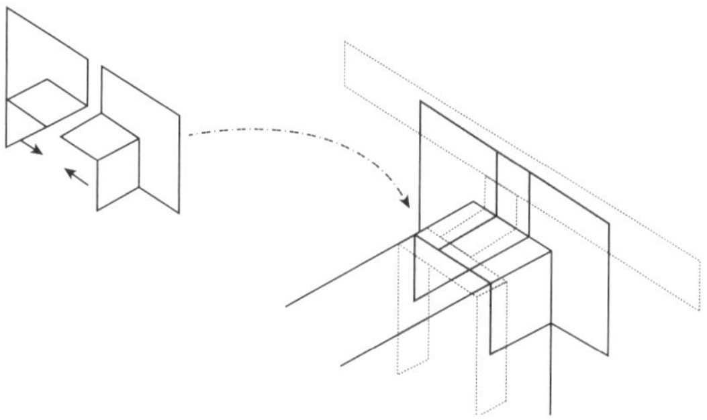

図2·8　CSガード

2 左官材料のクラック

◈見直され始めた左官工事

外壁に使用される仕上げ材では、通常サイディングボードを張ることが多くなります。これは乾式工法で、乾燥する期間も特に必要ではなく、強度もあり、各種の模様が用意されています。特に阪神・淡路大震災を契機に、左官材料ではクラックが多く入ったということで、サイディング仕上げが多用されるようになりました。しかしここ最近、また左官仕上げが見直されており、かなりの割合で使用されています。一つはクラックの入りにくい左官工法が開発されたことと、ジョイントが見えない外壁仕上げなど、サイディングと違った味わいが求められているようです。

左官工事をする場合、水を使用する関係で、2〜3回塗り重ねるのに必要な乾燥期間が、工期と品質に及ぼす影響がありますが、本書のテーマは雨漏りですので、ここではクラック（割れ）という現象に絞って話をしたいと思います。左官という水を混ぜる湿式材料において、クラックという欠点は避けられないものです。一昔前に、クラックの入らない左官材料を開発したらノーベル賞ものだと冗談で言われました。もちろんノーベル賞に該当する分野でもなんでもありませんが、それだけ難しいものという認識をしていただきたいのです。

◈必要な乾燥期間

建築でいう左官仕上げとは、外壁の施工順に、

①アスファルトフェルト⇒

②ラス⇒

③モルタル下こすり⇒乾燥⇒

④モルタル上塗り（1〜2回）刷毛引き⇒乾燥⇒

⑤コーキング⇒

⑥吹き付け仕上げ

となります。

湿式仕上げには乾燥期間が必要ですからかなりの工期が必要です。乾燥期間を充分に確保できない場合には、時間が経過すると、クラックという罰が下ります。

乾燥期間が確保できない場合とは、範囲が広いのですが、確認申請の遅れ、図面の遅れ、建築主の色決めの遅れ、着工の遅れ、職人の都合による遅れ、材料の入荷遅れなど、無数の要素があります。これらのうち一つでも遅れたら、全体工期の遅れにつながる問題が生じることになります。建築には契約工期という絶対条件があり、工期が遅延したらペナルティがあります。

民間連合の工事請負契約約款には、違約金の項があります。遅延日数1日につき、残工事の4/10,000に相当する額の違約金を請求することができると記載されています。施工者側はこの違約金の支払いを回避するために、最後に突貫工事を行う場合があります。あるいは、決算期の完工ということで、各住宅会社の決算期には、無理をしてでも完成させる場合があります。いずれの場合も、建築主の都合よりもむしろ施工者側の都合により、工事が進行し、無理をす

る場合が問題です。工事の各段階で、工期が順調に進行しているのか、確認しておくことが必要です。当然、契約ですから守ることが当り前ですが、施工者側の責任で遅れた場合であっても、充分な乾燥期間を確保するために、工期を遅らせる方が将来的によいと思われる場合もあります。この点については微妙な問題でもあり、双方が意地を通さないで、よく相談する必要があります。

◈水を吸うモルタル

モルタルとは、セメント＋水＋砂ということです。ちなみに、モルタルに砂利がプラスされるとコンクリートになります。いずれにしても、水を加える材料を使用する場合はクラックという問題が生じます。このクラックから雨水が浸入しやすくなります。また、見栄えもきわめて悪くなります。なかには即、欠陥住宅と言われることもあります。マスコミにもしばしば取り上げられ、新聞にも掲載され、TV 放映もされたことがあります。多くの一般の人の目に触れます。ただ、大半は乾燥収縮によるクラックで、すぐに対処しなければ大変なことになるというレベルのものは滅多にありません。クラックの見栄えの悪さから、大袈裟に考えてしまいます。不等沈下による建物の傾きなどは個別に対応が必要ですが、乾燥収縮によるクラックは大きな影響はありません。

クラックがない場合であっても、モルタルは水を吸い込みます。したがって、長期間に大量の水を外壁に散水しますと、どこかのほんの小さなすき間から水は浸入することになります。外壁のモルタル厚みは、せいぜい15mm前後です。1時間水をかけ続けると、モルタル裏面に水は到達します。

モルタルを塗る場合は、その前工程の仕事にラスという金網を張り、このラスにモルタルが引っかかって固定されます。モルタルのなかにラスが入り込んだ状態になります。このラスに沿って水の道ができ、ラスの部分はすぐに水が浸入することになります。ラスを施工しなければ、一般にモルタルは施工できませんので、痛し痒しということです。

◈クラック防止の方法

モルタルのクラック防止については、昔から検討され続けています。およそ建築に使用する材料は、すべからく伸び縮みします。そして現在ではクラック防止対策として、ガラス繊維のメッシュをモルタルに埋め込む方法が主流になりつつあります。モルタル塗りの厚みが約15mmあります。そのなかにメッシュを埋め込むことにより、クラックを拘束します。入ったとしても、きわめて細いクラックに留まります。

写真2･3はガラス繊維のメッシュをモルタルに埋め込んでいるところです。このガラス繊維は、モルタルのアルカリ成分に侵されないものでなくてはなりません。モルタルは、pH12のかなりの強ア

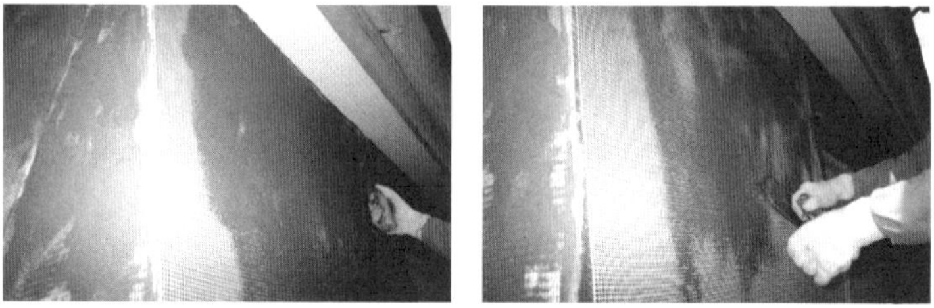

写真2･3　左官に埋込むガラスメッシュ

ルカリで、これに耐える特殊なガラス繊維が開発されています。

材料メーカーによっては、クラック保証をつける所もあります。それだけ自信があるのでしょう。この保証は当然、乾燥収縮によるクラックだけで、建物の不等沈下など構造クラックは含まれません。

その他の方法としては、材料をモルタルミキサーで練るとき同時に、細く短い鉄線のクズやガラス繊維クズをいれます。これらは、クラックが入ろうとするのを引っ張って拘束します。クラック防止には効果的です。昔はスサという藁クズをいれて、クラック防止を図りました。理論は同じです。適切にガラス繊維メッシュを入れれば、確かに理屈通りクラックは減りました。

◈アスベストの問題

ところで、アスベスト（石綿）が話題になっています。髪の毛の1/5,000の太さの天然鉱物繊維で、セメント類とうまく混ざります。これまで、ひび割れ防止、強度アップに大いに貢献してきました。

たとえば、彩色石綿板と呼ばれるアスベストを含んだ屋根材料があります。この材料の厚みは4.5mmでした。でしたという過去形は、過去に製作された含有アスベスト成型板の場合です。それが時代の要請でノンアスベストに代わり、厚みは5.2mmになりました。つまり補強材が含まれなくなった代わりに厚さでカバーすることになりました。つまりアスベストは強度アップに貢献していました。

アスベストは引っ張り強度・断熱性・防火性・絶縁性など性能は素晴らしいもので、しかも値段は安いのです。「神様からの贈り物」や「奇跡の鉱物」とかいわれました。こんなに素晴らしい材料は簡単に代替材料がみつかりません。これも不幸なことでした。

アスベストとはギリシャ語で永久不滅という意味です。体内の肺胞に侵入したアスベストは消えてなくならないのです。10 ～ 40 年の潜伏期間を経て、中皮種・肺癌など人間に害を及ぼすという残念な結果になりました。

◈繊維でモルタルを補強する

ひび割れという点だけでみると、このような繊維状のものをモルタルと混合して補強することにより、ひび割れ防止に大いに効果があります。

太い１本のクラックと、多数の細いクラックが入るのとでは、何が違うでしょうか？　基本的には、クラックを分散させるという方法と、誘発目地を設けて、あらかじめ想定した個所にクラックが入るようにし、シーリング処理しておく方法があります (後述)。もっとも住宅では、外壁に目地を設けることを嫌う設計者も多いのです。だからサイディングを止めて、左官仕上げにしたということです。

微細なクラックであれば、そこから空気・雨水の浸入が少なく、劣化も少なくなります。目立ちにくいという見栄え上のメリットもあります。クラック幅 0.2mm 程度の微細なクラックであれば、問題にする必要はありません。特に急いで補修するほどでもありません。クラック幅が 0.3mm 以上になると、そろそろ対策を講じる必要があります。一般的にクラックの補修とは、樹脂とセメントを混ぜ合わせたものをクラックのなかに注射器で埋め込むもので、その部分だけ色が変わるために、そこに吹き付け材料で色を塗るやり方が普通です。このような処置がきっちりとメンテナンスされれば、強度・耐久性も特に問題はありません。

3 シーリング工事

◈部材のぶつかりあいを防ぐ

雨漏り対策で、最も多用されるのがシーリング（コーキングともいいます）処理です。外壁部材は、縦横に少しずつすき間をあけて取り付けられています。このすき間を目地といいます。およそすべての部材は、温度・湿度の変化により伸び縮みします。また地震・風圧により、たわみがおこったり位置がずれたりします。その際に、部材相互のぶつかりあいなどがおこらないようにするためです。その目地から雨水が浸入しますと、水密性・気密性が損なわれます。そこには詰め物が必要です。その詰め物をシーリング材といいます。アルミサッシと左官材料の取合いのように異種の材料が接触する個所では、材料の違いによって、伸び率が異なることになります。つまり、接触個所ではすき間が生じてきます。

シーリング材には、まず水密性・気密性が確保できなければなりません。そして地震などの建物の揺れに対して、外壁の目地の動き（ムーブメント）に追随できることが必要です。そして当然、それなりの耐久性が必要です。シーリング材は多くの種類が準備されており、適材適所に使用する必要があります。

◈どこに処理するか

雨水が浸入する入り口、つまり、すき間を粘着性のあるシーリング材によって塞ぐものです。穴を塞ぐわけですから、簡単に処理ができます。したがって、よく使用されます。シーリング処理をしなかったらそこから雨水が浸入する、その個所を特定するのはなかなか困難です。したがって、雨漏りの危険性のある、かなり多数の個所でシーリング処理を行います。実際の施工現場では、シーリング施工個所は、雨漏りの危険個所、異種材料の接触個所(たとえばアルミサッシと外壁左官材の取合いなど、材料の収縮率が違うため、すき間が開き切れてきます）など、思いつくだけでもかなりあります。

①サッシ（FIX・上げ下げ窓・ルーバー等すべて含む）まわり4周、ただし掃出しサッシまわり3周（下端なし）

②玄関・勝手口・テラスドアまわり3周（下端なし）

③シャッター付きの場合、シャッターBOXまわり3周（シャッターとサッシ取合い部分不要)

④後付け換気レジスターとフードのツバ管まわり・バルコニー横引きドレンのまわり

⑤庇の3周（下端なし）

⑥軒天〜外壁取合い（軒の出300mm以下の場合)

⑦軒天〜外壁取合い（軒の出に関わらず切妻ケラバ部分、片棟の場合)

⑧化粧胴差・モールの縦部・下部（上端は水切りのみ)

⑨設備引き込み配管・配線部分（電気・水道・ガス)、本体取り付けメーターまわり

⑩バルコニー笠木〜外壁取合いの、笠木上部＋笠木下縦100mm

⑪妻換気ガラリまわり4周

これだけ施工しますと、シーリング施工長さmの、材料＋施工手

間が必要です。1m 当たりの単価×（材料＋施工手間）ということになります。これを計算しますと結構な金額になります。少しでも減らしたいのが施工者側です。どこをシーリング施工するのか、住宅では図面や仕様書に明確に記載されていない場合がほとんどで、予め確認しておかないと、それぞれの立場で勝手な判断をしてしまいがちです。発注者・監督者・施工者の立場で、見積もるときに、ここはシーリングが必要か不必要かは判断に迷う場合があります。

雨漏りの鍵を握るのはシーリング工事です。シーリング工事は１次防水になります。シーリング工事を施工しなかったら、じゃじゃ漏りになります。原則的には、１次防水で雨水をシャットアウトすべきものです。

◈メンテナンスの必要性

しかし、シーリングのみに防水を期待していては問題が残ります。シーリング材の耐久性は、雨・紫外線等のあたる通常の環境下では、5 〜 10 年前後と言われています。永久にもつものではありません。当然、将来の定期的メンテナンスが必要です。そして建築主側の立場では、コストがかかるわけですから、つい１年延ばしになります。

ここで、コストの点で問題があります。それは、シーリング工事の費用だけなら仕方ないと諦めることもできるかもしれませんが、施工するための仮設の足場工事が費用に加算されます。足場は工事終了後撤去するものですから、費用を負担する側としては納得しにくい部分です。工事施工としては当然必要なものですから、どうせ足場を架設するならば、同時に、屋根のメンテナンス・外壁の吹き付け工事など、足場が必要なすべての工事を同時に実施すれば、仮

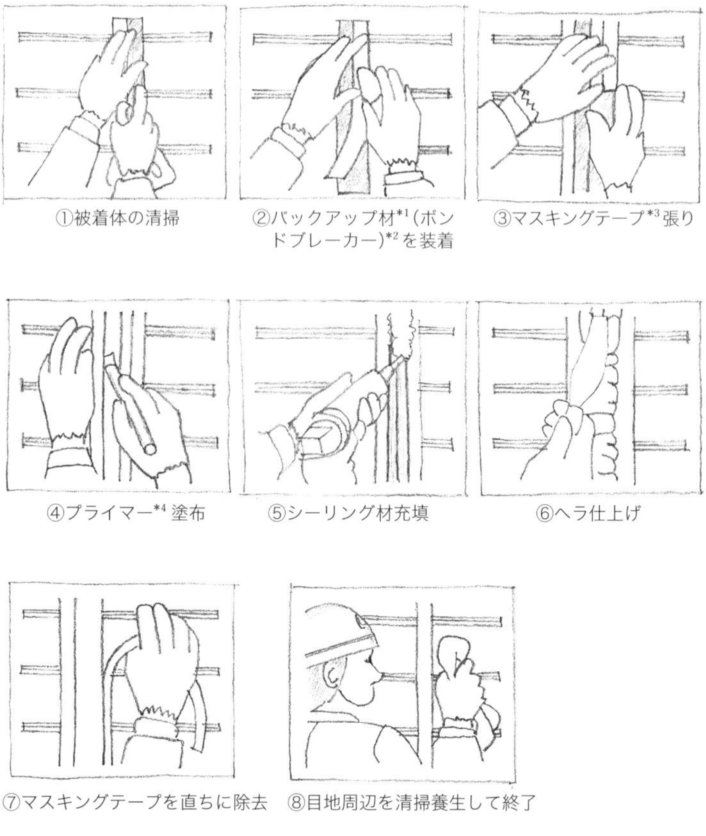
①被着体の清掃
②バックアップ材[*1]（ボンドブレーカー）[*2]を装着
③マスキングテープ[*3]張り
④プライマー[*4]塗布
⑤シーリング材充填
⑥ヘラ仕上げ
⑦マスキングテープを直ちに除去
⑧目地周辺を清掃養生して終了

*1　バックアップ材　：深さの調整が必要な場合で、シーリング材と目地の底面を接着させない（3面接着を避けるため）。

*2　ボンドブレーカー：深さの調整が不用な場合で、シーリング材と目地の底面を接着させない（3面接着を避けるため）。

*3　マスキングテープ：施工中の被着体の汚染防止と、目地縁を通りよく仕上げるために使用する保護テープ。

*4　プライマー　　　：被着面とシーリング材との接着性を良好にするために、あらかじめ被着面に塗布する材料。

図2･9　シーリング工事手順

設工事費用が割安になるということになります。そして通常この方法で、屋根・外壁ともに同時に施工します。ということは金額的に相当な額になりますので、やはり10年に1度、劣化の程度によっては15年くらいに1度ということになります。10年に1度のメンテナンスは理想ではありますが、建築主側としては劣化していない部分も多く「もったいない」と感じます。しかし、15年以内には、是非とも実施したいものです。15年以上先延ばしにすることはダメです。住宅においては適切な時期に、適切なメンテナンスが必要です。いわゆる、「かかりつけの医者」の住宅バージョン、「信頼できるホームドクター」のようなものが必要なのではないかと思います。住宅会社のメンテナンス担当者が、これを担う必要があります。

◈ワーキングジョイント

ワーキングジョイントとは、サッシ周辺やパネル目地のように、被着体の動きが予想されるジョイントです。この場合は、シーリング材の損傷を防止するために、2面接着とします。もし3面接着とすると、硬化したシーリング材に割れが生じて漏水の原因となります。バックアップ材やボンドブレーカーと呼ばれるもので、縁を切り、目地底とシーリング材を接触させないためです。

ここで、2面接着と3面接着について確認します。シーリング工事では重要な概念となります。

> 2面接着とは、目地の両サイドのみ接着し、底面は接着しない。
> 3面接着とは、目地の両サイドと底面に接着する。

2面接着にする方法により、建物の揺れ・伸縮等の動きに追随（底

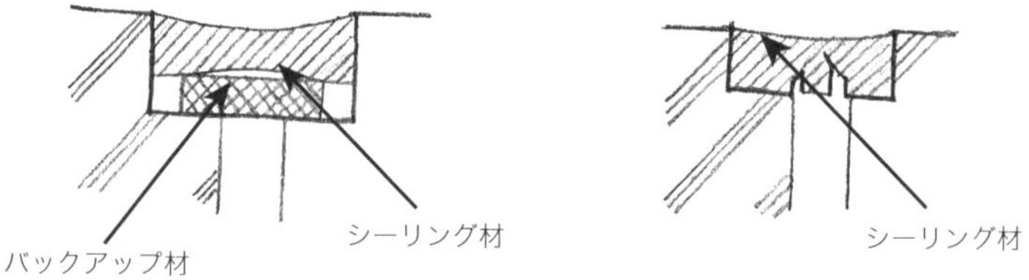

図 2･10　2 面接着（左）と 3 面接着（右）

図 2･11　バックアップ材とボンドブレーカー

面は滑る）し、防水性能を確保します。

バックアップ材やボンドブレーカーと呼ばれるものは、3 面接着を避ける目的で、シーリング材と目地底面を接着させずに、性能を低下させないものです。

◈ノンワーキングジョイント

ノンワーキングジョイントは、ワーキングジョイントとは異なり、コンクリートの打継ぎ目地のように、被着体の動きが予想されないジョイントです。この場合は、水の通り道を遮断するために 3 面接着とします。シール部分で雨水の浸入は止まり、大きな漏水を防ぐことができます。

もし 2 面接着としますと、ひび割れから浸入した水はバックアップ材やボンドブレーカーを通り道として漏水の原因になります。

◈シーリングの注意点

シーリング目地ですが、一般的住宅では深さ5～10mm、幅10～20mmが目安です。これ以上小さな数字では、本来のシーリング性能が発揮できません。

雨漏り対策をシーリング工事に頼るには、シーリングしやすいように設計し、しっかりした業者に、しかるべき種類のシーリング材で、それ相応のコストを見込んで発注するべきです。この点は現場まかせになりやすいところですが、しっかりと打合せすべき点です。決しておまけのサービス工事ではありません。住宅では、図面にシーリング施工範囲の詳細が記載されない場合が多くありますので、人の問題になりやすいところですから、確認が必要です。

原則的には、1次防水で雨水をシャットアウトすべきものです。シーリング工事は、外壁サイディング工事と同様、上記のように1次防水です。ほとんどシーリング材により、防水機能を果たしますが、シーリング材を越えて浸入する雨水に対する対策も考慮しておく必要があります。これを2次防水と呼びます。2次防水とは、外壁仕上げ材の内側、すなわちアスファルトフェルトや透湿防水紙などの下葺き材です。どうしても浸入を食い止めることができなかった雨水に対しては、2次防水でシャットアウトします。2次防水でシャットアウトできない場合には、雨漏りとなります。

なお、シーリング材料なら、何でもよいかというと、そうでもありません。シーリング材料を適切に選定しないと、成分が滲み出し、外壁の汚れになる場合もあります。適材適所ということです。

4 外壁通気工法

◈雨仕舞いとの関係

外壁通気工法という施工法があります。雨漏りと通気工法がどういう関連があるのか説明します。

外壁通気工法とは、外壁サイディング工事、または左官工事でも可能ですが、外壁材と建物本体の構造体の間に通気層を設けるものです。その通気層の上下を、外気に解放するのです。通気層すなわちすき間を設ける方法は、金具や胴縁と呼ばれるパッキン材で外壁材を浮かせて取り付けます。通気層のさらに室内側には、アスファルトフェルトあるいは透湿防水紙などの防水紙を張ります。この防水紙は、サイディング材料の1次防水と比較して、2次防水の役目を果たします。

◈なぜ通気層を設けるのか

この通気層を、わざわざ外壁材を浮かせて取り付けることになりますが、何のために通気層を設ける必要があるのかということです。実はこの通気層に万一浸入した雨水や結露水を、排出してしまおうという考え方です。もちろん通気層ですから、空気を通したり、湿気の排出などにより、耐久性をアップすることが主目的です。その主目的以外にもせっかく通気層というすき間空間を設けるわけですから、何かほかにも利用できる機能を付加したいということで、1次

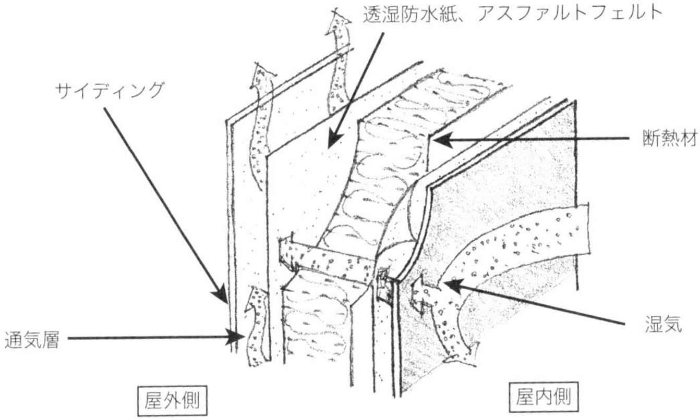

図 2・12　外壁通気工法(1)

防水の外壁材・シーリング材から浸入した雨水を、いきなり2次防水のアスファルトフェルトに行く前に、通気層で排出します。雨水は若干ですが、外壁材の中へ浸入することがあります。それを速やかに排出することが可能ならば、問題はありません。

もし、サイディング直張り工法のように、通気層がなく、直接、2次防水のアスファルトフェルトでシャットアウトするとすれば、タッカー部や防水紙の重なり部からの若干の漏水が起こる可能性があります。したがってこの通気工法は、サイディング直張り工法よりも優れた工法といえます。最近は、この工法が採用されるのが一般的です。耐久性に影響を及ぼしますから、通気工法かどうかは確認しておく必要があります。

◈結露の防止にも

空気の通り道である通気層の厚みは、10～20mm くらいが一般的

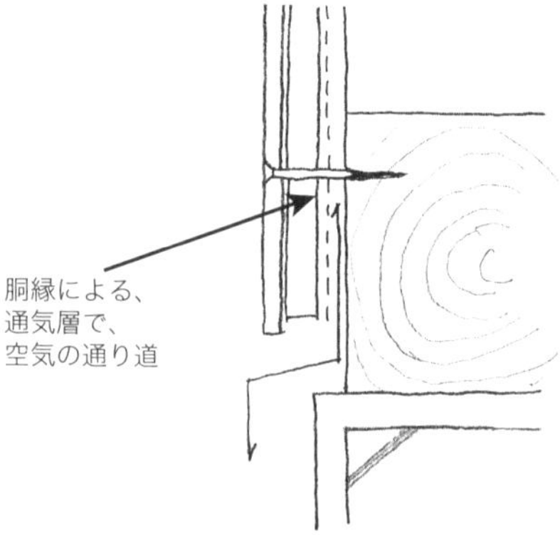

図 2･13　外壁通気工法(2)

です。気体である水蒸気は、液体である雨水に比べてきわめて小さい粒子です。ここが問題となります。

生活するうえで、キッチン・洗面所・便所・浴室などの水まわりから、さまざまな水蒸気が発生しています。入居者自体からも汗が出ます。特に小さな子供は、新陳代謝が激しいものです。観葉植物の鉢や熱帯魚水槽からも出ます。また室内で、洗濯物を干す場合(この方法はもっての外です)もあるかもしれません。これらの水蒸気のうちいく分かは、排気されずに、室内側のクロス⇒石膏ボード⇒防湿層（断熱材の表カバー）⇒断熱材へ浸入します。

水蒸気の浸入を防止するためには、具体的には室内側には防湿層を設け、できるだけ水蒸気が壁体内に浸入しないようにします。それでも水蒸気は小さな粒子ですから、必ず浸入してきます。この浸入した水蒸気を、なるべく速やかに外気側に排出しなければなりません。そのために、屋外側には水蒸気の通る材料（穴の開いた断熱材裏カバー）を設けて外気側に抜けやすくしています。さらに⇒透湿防水紙⇒通気層と排出します。これが内部の結露防止の基本的な考え方です。

◈湿気を通す工法

サイディング施工は、住宅の耐久性アップを目的として、壁体内の湿気を排出させる通気工法を標準的工法としています。この工法では、透湿防水紙というシートをアスファルトフェルトの代わりに採用しています。アスファルトフェルトでも、ある程度の透湿性はあるのですが、透湿防水紙の方が透湿という点で優れています。それは、水蒸気は通すが水は通さないという優れものだからです。この透湿防水紙とサイディングの間に通気層を設けますが、壁体内の湿気排出と同時に、サイディングの接合部から浸入した雨水も排出されます。この通気層により、構造体や断熱材は乾燥状態が保たれ、劣化の軽減や断熱性の維持（断熱材は湿気を含むと著しく断熱性が低下します）が図られると同時に、浸入した雨水も排出します。したがって、この通気工法においては、アスファルトフェルトよりも透湿防水紙が採用されることが一般です。

◈サイディング時の防水

サイディングを使用した外壁からの雨水の浸入は、サイディング本体とシーリング材で１次防水、透湿防水紙が２次防水という２本立ての防水機能で考えています。１次防水だけでは、完全な処理は難しいのです。サイディングは、接合部に樹脂製の防水材があらかじめ工場で付加され、あるいはシーリング材で防水処置をします。しかし、最近の住宅のように軒の出が少ない場合、風向きなどによってサイディングに大量の雨水がかかる条件下では、風圧・施工精度などの条件により、一時的ですが、若干の雨水が浸入することになります。したがって、防水紙の施工は慎重でなければなりません。浸入した雨水は、通気層によって速やかに排出できる通気工法が有効な工法です。雨漏りと通気工法と、どういう関連があるのかが理解できましたでしょうか。

◈左官+吹き付け

一方、外壁にサイディングではなく、左官工事+吹き付け工事の仕上げがあります。最近はサイディングに飽きて、左官が見直されているようです。サイディングのような目地がなく、一体化した施工が好まれています。この場合もまた、通気しない直張り工法と、通気工法とに分かれます。

左官工事の場合は、サイディングに比較して、通気工法が採用されにくい事情があります。それはコストの問題です。透湿防水紙の上に胴縁を施工して通気層をつくり、防水紙付きラスを施工して、モルタル下塗り、中塗り、上塗りの後、乾燥期間を経て、吹き付け仕上げとなります。この左官工法の場合も、雨漏り防止と結露防止のために、通気工法が優れています。本来、せっかくの左官工法を実施するならば、当然、通気工法を採用しなければならないはずですが、外から見た目は同じですから、コストダウンの対象になりやすく、直張り通気なし工法になる場合が多くあります。このようなコストダウンは、単なる仕様ダウン・性能ダウンであり、採用すべきものではありません。それだけ性能を落とし、住宅の耐久性を低下させています。コストダウンは性能に影響を及ぼさない、後から自由にできる化粧仕上げなどに限定すべきです。通気工法は、建物の耐久性向上に大いに貢献しているのですから。

◈通気工法にかわるもの

最近、次のような特殊なアスファルトフェルトが開発されました。それは通気フェルトといい、通常のアスファルトフェルトに突起物を付けて、その間を通気層にしようという発想です。

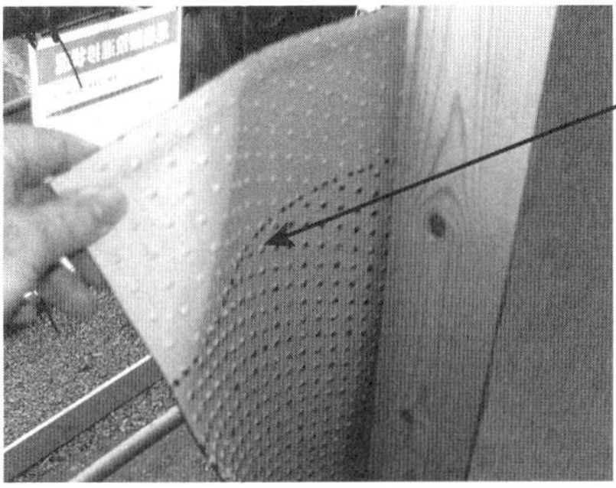

突起物約3mmのあるアスファルトフェルトです。
これで通気層としたいところですが、空気の粘性により充分な通気は確保できません。
しかし、直張りよりは、結露・雨漏りには効果が期待できます。

写真2･4　通気フェルト

色の違うのは、サッシ下端の捨てフェルトです。
通気フェルトを取り付けたところです。

写真2･5　捨てフェルトと通気フェルト

この場合の通気層は、突起物の厚みの出、約3mmだけです。空気には粘性があって細いすき間は通りにくいため、残念ながら充分な通気層の厚みが確保できず、通気工法とは言い難いのです。しかし、コスト重視でアスファルトフェルトを直張りするよりは、はるかに効果的ですから、準通気工法ともいうべきものです。

現実に実験室で確認しますと、少ないながらも通気が認められます。雨漏りや結露現象防止（防止とは言いにくいかもしれません、結露減少でしょう）には、有効だと思います。ただし突起物の厚みがある分、かさが高くなり、ごわごわして入隅・出隅部分の施工性は今一つです。また、サッシまわりの防水テープとは密着しなくなるために、納めを工夫する必要があります。対応を工夫することにより、改善につながっていきます。このようなことを考えるのは、技術屋の面白さと言えます。

コラム　アメリカの究極の豪邸「落水荘」の雨漏り

アメリカのペンシルバニア州にある究極の豪邸「落水荘」（設計：フランク・ロイド・ライト）です。「FALLING WATER」「カウフマン邸」とも呼ばれます。

1936 年竣工の建物ですが、現在でも瀟洒なデザインで、住宅建築の最高峰と言われる素晴らしい建築です。毎年、世界各国から約 13 万人の人々が見学に訪れます。緑の樹海にポツンと別荘が滝の上にそびえ建っ

写真 2・6　落水荘遠景
このポイントからの写真は世界的に有名。

写真 2・7　落水荘全景
樹海の緑とのコントラストが圧巻。

写真 2・8　落水荘正面
正面で感激の記念撮影。

写真 2・9　落水荘
室内から階段を下りると川面。

ています。生活の匂いはなく、あくまでも優雅で、日本人が訪れ、憧れの建物を前に涙すると言われている伝説の建物です。

“The best all-time work of American architecture”

（アメリカ建築史上最高の作品）

“Unquestionably the most famous private residence ever built”

（過去に建てられたなかで、間違いなく最も有名な個人住宅です）

“Fallingwater has always been rightly considered one of the complete masterpieces of twentieth-century art”

（落水荘は 20 世紀の芸術の、最高傑作の一つと常に考えられています）

等々、絶賛されている住宅建築です。この建物の写真をみて、建築を志した方も多いはずです。

毎年 1 億円以上のコストをかけて修繕しながら、維持管理されています。いくら広いとはいえ、住宅で毎年 1 億円以上のメンテナンスコストを必要とするということはどういうことでしょうか？　構造設計の無理による片持梁の沈下や、雨漏りの修繕です。見ているだけでも雨漏りしそうな個所はたくさんあります。鉄筋コンクリート造で、木造住宅ではありませんので、雨漏りに対しては条件が良いのでしょうが、それでもやはり防水施工が不完全なところが多いようです。雨水を受けるところばかり設計されているようですから、雨は漏れるでしょう。

写真 2・10　落水荘内部(1)

部屋とバルコニーが一体化。

写真 2・11　落水荘内部(2)

自然石を多用。低い本棚は落ち着きます。

第3章
雨漏りの事例
〈屋根～軒先編〉

1 フラットルーフがプールに

◈屋上にプール？

写真 3･1 にプール付きの屋上が写っています。適切な構造計算を元に、鉄筋コンクリート造で建物を造り、防水工事をきっちりと施工すれば、屋上にプールを造ることが可能です。溜まった水により、夏場涼しく過ごすことができて快適でしょう。このような方法をルーフポンドと言いますが、住宅においては施工の困難さやメンテナンスを考えて、通常は採用しません。

しかし残念ながら、この家は鉄筋コンクリート造ではなく、木造住宅であり、もちろんプールはありません。防水工事は当然施工してありますが、プールになることまでは想定していません。意図しない結果になり、あふれた水が室内に大量に流れ込みました。入居後たったの２年です。フラットルーフの排水ドレン、およびオーバ

大変です！！
雨水が溜まって、プール状態です。

写真 3･1　フラットルーフの水溜り

ーフロー管が落ち葉で完全に塞がっていました。

◈手入れの大切さ

建築主は2年間、まったくフラットルーフの清掃管理を行いませんでした。ここに住宅の怖さがあります。設計者・施工者側は、当然、維持管理の説明をきっちりとしています。しかし、いざ住み始めると、そのような面倒くさい維持管理は、つい先延ばしになる運命にあります。住宅とはそういうものかもしれません。

ことにこの場合の管理の難しさは、フラットルーフの状況が通常では見えなかったからです。部屋の前にあるバルコニーなら、建築主が異常に気づきます。また、この家のフラットルーフは維持管理しようにも屋上に昇る手段がなかったのです。ハシゴを掛けなければ昇れないのです。そしてハシゴで高いところに昇るのは危険です。タラップなどが最初から計画され、取り付けてあれば、別の結果になっていたかと思います。また通常は、新築住宅の数年間は、住宅会社が定期的に点検してくれるサービスシステムをつくっています。

しかし残念ながら現実には、住宅会社のメンテナンス担当者は、自分の目で確認しませんでした。「何か異常はありませんか？」で終わりました。やはりサービスマンも、面倒なチェックには手を抜く傾向があります。本来は、問題があるのですが、人間ですからズボラな部分があるのです。これは、人間のチェック機能に期待し過ぎる問題を指摘しています。本来は、仕組みのなかで異常が起こりにくいように配慮すべきです。

◈水が流れるように設計を

設計的な配慮も問題です。フラットルーフとは文字通り、平らな屋根です。屋根勾配がほとんどないのです。勾配のない部分では水は流れません。水を溜める設計になっています。水は流れるように設計すべきであり、溜めるように設計すべきではありません。そこを強引に、施工力でカバーしようとしています。しっかりとした施工であれば、カバーも可能でしょう。しかしあくまでも可能性であり、将来の長期にわたる確実な保証ではありません。そのときは問題なくても、10年後、20年後には必ず問題が生じるといっても過言ではありません。流行のデザインかもしれませんが、それは維持管理しやすい状況をつくることが前提です。職人の技能に期待し過ぎるとバラツキが生じ、問題が起こる可能性があります。

◈屋根勾配について

通常の屋根勾配は、3～6寸勾配で、平均5寸勾配です。図3･1が5寸勾配の屋根を示しています。5寸勾配とは、下辺10に対して立上り5の直角三角形を意味します。その斜辺が屋根部分です。これらの勾配では、雨の漏れる可能性は少なくなります。屋根材メー

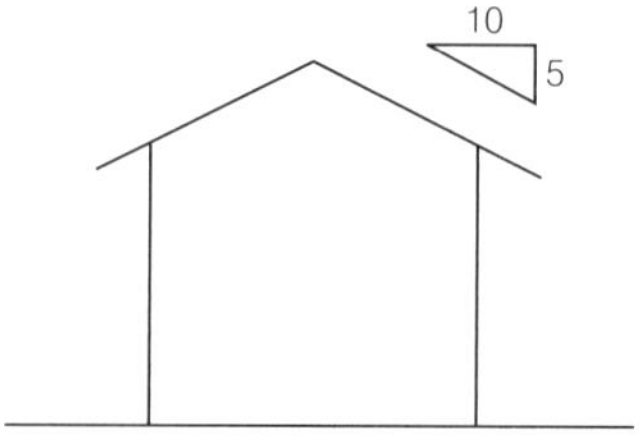

図3･1　屋根勾配：5寸勾配の意味

カーも、この範囲の屋根勾配を想定して施工マニュアルを作成しています。この範囲から外れる場合は当然、何らかの追加対策を講じる必要があります。緩い勾配になるほど、雨漏りの危険性が増します。3寸未満の緩勾配になると、雨漏り対策上、屋根下葺き材のアスファルトルーフィングが通常のものではなく、粘着性のある、レベルアップした材料にするなどの配慮が必要になります。なかには、0.5～1.5寸の緩勾配の屋根が設計されることがあります。防水工事ならよいのですが、この勾配を屋根工事で設計するのは、雨漏りの観点からは問題です。デザイン以前の問題ですが、これが最近増加傾向にあります。このような場合は、施工上の特別対策が必要です。また緩勾配の屋根は、水が流れるにしても速やかではありません。

◈点検しやすい屋根に

それでは、急勾配になればなるほど良いかといいますと、そうでもありません。別の問題が生じてきます。6寸勾配以上の急勾配になると、施工上危険と判断され、屋根足場を施工することになりま

2寸勾配ぐらいの屋根ですが、周辺環境の緑が多く、落ち葉が堆積し、屋根面に藻が発生しています。
雨水が流れるのに時間がかかり、落ち葉により、常時濡れた状態になります。

写真3・2　緩勾配屋根の藻

す。法律で決まっていることです。当然、仮設工事費用に反映され、割高になります。また、点検時も簡単には屋根に昇ることができず、点検しにくい状態・メンテナンスしにくい状態になります。

工事の時点で屋根足場を設置するのはわかりますが、点検するときにも屋根に昇ることができないのは問題です。費用をかけて、点検用に足場を設置するのは、建築主には大きな負担です。点検が終了すれば、また屋根足場を解体撤去するわけですから、ムダと感じてしまうのも当然かもしれません。足場を設置せずに、親綱を張って、安全帯を使用する場合もあります。足場を設置するよりは、はるかに危険です。第一、安全帯を引っ掛ける親綱を、どうやって張るのかも問題です。

◈急勾配屋根

写真3・3、4は矩勾配（かねこうばい：10寸勾配）の屋根です。6寸勾配よりも、はるかに急勾配です。屋根足場なしでは、非常に点検しにくい現場になります。やはり点検しにくい現場は、設計上問題が残ることになると思います。室内側に雨漏り現象という異常が

10寸勾配の屋根です（矩勾配：かねこうばいともいいます）。点検・メンテナンスともに足場が必要です。

写真3・3　急勾配屋根(1)

急勾配屋根のためにメンテナンスは外壁だけで、屋根は実施できません。
屋根点検も困難です。

写真3･4　急勾配屋根(2)

発生するまで、発見は遅れます。異常を発見しても、修理には屋根足場費用が加算されます。しかし内部側、つまり小屋裏空間はその分だけ容積を稼ぐことができ、より有効活用が可能です。その費用対効果のバランス判断になります。

◈下葺き材の重要性

屋根工事の防水性については、屋根材料（瓦・彩色石綿板等）で一次防水をしますが、これだけでは完全には防水にならないのです。ここが重要なところです。この下葺き材のアスファルトルーフィングで、2次防水をします。2次防水にも期待して、総合的に防水をしているのです。つまり屋根材料の下部分にも、雨水は少し漏れているのです。その証拠に、下葺き材のアスファルトルーフィングを施工しないで、屋根材だけで屋根工事をすると、少し漏れるくらいではありません。じゃじゃ漏りになります。いずれにしても、下葺き材であるアスファルトルーフィングの上を、雨水が流れていることになります。

これは下葺き材の施工が、きわめて重要であることを示しています。通常、下地になって隠れる個所よりも、仕上げとして見える個所に力を入れがちです。この下葺き材の重なり幅寸法、水の流れに逆らわない張り方、棟部分・隅棟部分・谷部分・立上りの取合い部分・トップライトまわりなどの、いわゆる役物個所の施工確認が必要です。この部分は大切なところですので、後で詳細を述べます。

対策 ①フラットルーフを設計する場合、維持管理の必要性を認識する。
②建築主自らが点検できるよう、維持管理できる設備を考慮する。

◈気づいた異常

同じフラットルーフのある建物でも、**写真3･5**の家は、被害を未然に防ぐことができました。同じように、落ち葉が詰まって水が溜まっていたのですが、その溜まった水がガラス面に反射してキラキラ光り、建築主が異常に気づきました。こちらはオーバーフロー管までいかずに、落ち葉を取り除くことができました。特に環境の良

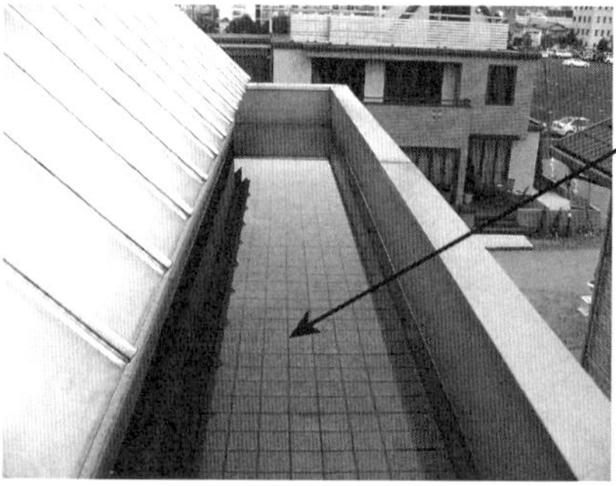

フラットルーフに水が溜まっています。

写真3･5　フラットルーフの水溜り

い、緑の多い地域では、珍しい現象ではありません。

いずれにしても、フラットルーフで点検できないシステムを設計することは、維持管理は「人の問題」の領域になります。建築主によって、うまくいく・いかない、住宅会社のメンテナンスの人によって、うまくいく・いかない、その日の気分によって、うまくいく・いかないことになります。これではバラツキが生じます。人間ですから、当然バラツキます。

このように、「人」に期待する仕組みは、本来危険なものです。人によるのではなく、システムとして維持管理のできやすいものでなければなりません。

◈点検しにくい部位

また、フラットルーフの上に昇ることができない、つまり異常の点検をしにくい設計が多くあります。点検のしやすさを考慮して設計されないのは残念ですが、それが現実なのです。

写真3･6の例は、通常では点検できない物件です。点検するには

ハシゴが届かず、点検しにくい。
点検しにくい場合、点検を省略されるかもしれません。
住宅会社のメンテナンス担当者も苦労します。

写真3･6　住まいの点検

その度に安全上、足場を組みます。そして異常がなければ、すぐに足場を解体撤去することになります。当然コストがかかります。

建築主は、設計施工した住宅会社に適宜、無償での点検を要求しています。なぜならば、新築当初に現実に落ち葉により水が溜まり、あふれ出したからです。室内への水漏れはありませんでした。

しかしこれは、住宅会社の設計ミスという判断がなされるかもしれません。要するに、点検・メンテナンスできない設計は、住宅においては将来問題が発生する可能性が高いということになります。屋根に昇る場合に、今回のようにハシゴで昇ることができないと問題が生じます。足場を組まなければ点検できないということは、コストの点から点検しない、そこの点検はやむを得ず無視することになります。異常を察知するのが遅れます。同様に急勾配（6寸勾配以上）の屋根も、安全上からも、法律上からも、足場を設けることになっています。将来の足場架設に要するコストも含めて、屋根のデザインは検討されるべきものです。また、万一に備えて、オーバーフロー管を設けておくことは当然です。図面ではオーバーフロー

やっとの思いで昇ったフラットルーフです。きれいな状態で問題はありませんでした。

写真3・7　フラットルーフ上部

管まで記載しない場合もありますので注意が必要です。

◈点検口をつくる

建築主と打ち合わせた結果、住宅会社の費用負担で、小屋裏からフラットルーフへの点検用の出入り口を設けることになりました。点検用とはいえ、このような高い位置に、出入り口を設けることは、設計者として意図していなかったと思います。しかし現実に居住してみると、デザインより優先順位の高い位置に、雨漏り・点検・メンテナンスなどがあったということです。住宅会社は設計責任を認めたことになります。プロといえども、図面だけでは気づきにくいところです。ついでに、点検用出入り口を設けるということは、外壁に穴をあけることになります。当然、雨漏りの危険性は増します。この個所から雨漏りがしたとなれば、きわめて格好の悪い話になります。

◈メンテナンス部門の蓄積

このような問題は、住宅会社のメンテナンス担当者が、それだけ多くの経験をしていますから、一番詳しいのです。ただ残念なことに、メンテナンス担当者は、住宅会社で日陰の待遇を受けている場合が多々あります。儲ける部署ではなく、お金を使う部署だからです。どちらかといえば、現場経験者で年配になった人や、定年後の嘱託、あるいは技術系でない人を配置しているようです。会社が力を入れていないことがわかります。これでは、メンテナンス部門のモチベーションの上りようがありません。メンテナンス担当者には本来、最も優秀な人を配置するべきです。メンテナンス担当者だけの責任ではありません。そのノウハウをもっと活用して、設計のヒントにすべき財産だという認識が少ないように感じるのは私だけでしょうか？　設計図面の段階で、メンテナンス担当者が数人集まって検討会を２時間も開催すれば、メンテナンスの立場から、現実に居住される建築主にとっての有用な情報が数多く反映できるのではないかと思います。

◈点検は次なる営業

　メンテナンス担当者は、ホームドクターのような存在であるべきです。ドクターであれば当然、勉強をしなければなりません。建築関係の各種資格も必要です。マナー・説明能力・提案能力なども必要です。いろいろ建築主からの相談にのってアドバイスすれば、かなりの追加受注も期待できると思います。おそらく、リフォーム工事にもつながるはずです。住宅会社の利益にもなります。

　飛び込み営業での、リフォーム工事の受注は難しいものです。しかし営業的に考えますと、メンテナンスする立場ですからアポイントも気軽にとれ、部屋にあがって点検していても、嫌がられることなく、むしろ喜んでもらえる好条件が揃っているわけです。逆に、「点検にまだ来ないが一体どうなっているのか」という、お叱りを受けることが多々あります。前向きな考え方が不足しています。飛び込み営業とはまったく違うこの好条件を、生かせていないのは残念なことです。

　すべての住宅会社は、建築主にアンケート記入をお願いしています。契約直後のアンケートによる満足度調査では、営業マンの対応が素晴らしいという評価が多くあります。しかし入居後のアンケートでは、工事担当者の評価が満足度に大きく影響します。2年目以降は、アンケート調査もあまり行われないようですが、満足度にはメンテナンス担当者の評価が大きく影響してきます。そのときの、直接窓口担当者の評価が大きく影響します。建築主とメンテナンス担当者とは、最も永く付き合う窓口となります。営業・設計・工事担当者ほどの密な関係ではありませんが、きわめて長期のお付き合いになります。建築主と住宅会社の双方は、この長期のお付き合いのなかで、満足度を醸成していかなければなりません。ここが、クチコミによる宣伝効果やリピーターにつながる重要なところです。

住宅会社によっては、残念なことですが、目先の利益重視にとらわれて、メンテナンスをおろそかにしているメーカーも見受けられます。住宅会社にとって厳しい時代と言われますが、メンテナンスには本来最も力を入れて、建築主との間で信頼できる関係を永く保たなければならないところです。

2 屋根からの取合い

◈要注意は取合い

ここのテーマは、屋根からの飛び出し、屋根からの取合いです。壁が屋根に突き刺さった状態です。とにかく雨漏りの観点からは、屋根に取り付くものはすべて問題です。トップライト・ドーマー・煙突・壁・フラットルーフ・ベランダなど、屋根と取り合うものはすべて要注意です（写真 3･8 ～ 10）。切妻・寄棟・片流れの、障害物の何もない屋根が最も優れています。それにさまざまな意匠が取り付くことにより、急激に雨漏りの危険性が増します。本来、注意を払わなくてもよいところに、注意を払う必要が生じてきます。

ということは、管理する人の問題になってきます。人は、技術を持っている人と持っていない人、気のつく人とつかない人、面倒く

屋根とフラットルーフのパラペット部分の取合いは要注意です。

写真 3･8　屋根～パラペット取合い(1)

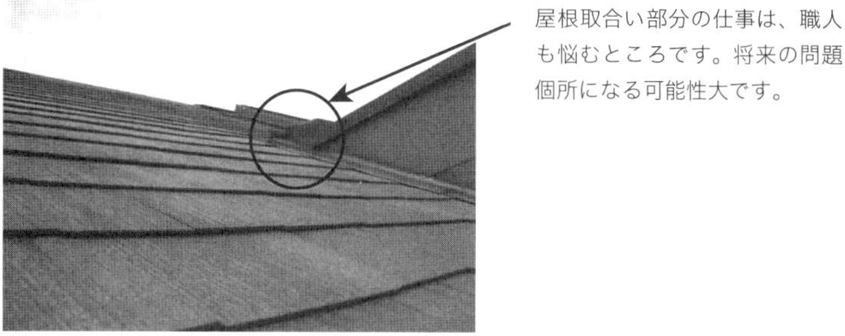
屋根取合い部分の仕事は、職人も悩むところです。将来の問題個所になる可能性大です。

写真 3・9　屋根〜パラペット取合い(2)

ガルバリウム鋼板屋根とパラペットの取合いです。パラペットの笠木もガルバリウム鋼板の予定です。もしも異種金属なら電食が生じます。

写真 3・10　屋根〜パラペット取合い(3)

さがり屋の人とそうでない人、経験を積んだ人と積んでいない人など、非常に多くの点でバラツキます。また同じ人でも、そのときの状態により、気分が変わります。そのときに抱えている仕事量にも大きく影響します。忙しい時と、ひまな時とでは、工事監理のレベルに差異があるのは、残念ながら当然のことになってしまいます。

もちろん、差異のない状態が原則でしょうが、そう簡単に杓子定規にはいきません。

◈施工不良の危険性

屋根とフラットルーフ部分の取合いに、内樋を設けています。普段昇ることのできない部位のため、点検・メンテナンスができていないようです。雨漏りの異常があって初めて点検すると**写真 3・11、12**のように、かなり劣化の進んだ状態になっています。これでは漏れないほうが不思議です。

これだけの不具合は、建築当初から施工に問題があったと考えられます。経年変化だけではありません。たとえば、雨の降った後、

屋根取合い部は内樋形式になっています。
かなり大きめですから、仕事はやりやすいのですが、内樋そのものは漏れやすい個所になります。

写真 3・11　屋根～内樋の劣化(1)

内樋内部の状況。
かなり劣化しています。
早急なメンテナンスが必要です。
放置しておくと大問題になります。

写真 3・12　屋根～内樋の劣化(2)

内樋と呼ばれるもので、デザイン上、軒樋を見せたくない場合に使う建築化された軒樋です。屋根と一体化して非常にきれいですが、雨漏りの可能性が高く要注意です。

写真 3･13　内樋

乾燥しないうちにFRP（Fiber Reinforced Plastics ＝ガラス繊維で強化されたポリエステル樹脂）防水工事を突貫工事で施工したなど、何らかの問題が生じていたのではないでしょうか。あるいは、FRP防水の表面仕上げ材トップコートの傷みからして、材料そのものに耐候性の問題がないのか疑問が生じます。まともに雨・紫外線が当たる個所には、耐候性のある材料の品番設定が必要です。仕上がった材料を見ただけでは、品番確認は困難です。工事途中に材料の梱包材の品番を見て、確認できることが多いのです。そして一方、施工面でもこのような内樋（隠樋）形式の部位では、非常に狭い個所にFRP防水を施工することになりますので、完全に施工できているのかの確認も必要です。

写真 3･13 はデザイン上、軒樋を見せずに内樋を設計したものですが、緑の多い所での落ち葉対策を考えておかないと、詰まってあふれた場合は雨漏りの原因になります。

◈話合いながら慎重な施工を

壁が屋根に突き刺さった状態になった結果の雨漏りで、**写真3・14**は小屋裏側から見た状態です。それほど多量の雨漏りではなかったために、長期間、異常に気づくのが遅れました。このような場合は、工事の担当者も、現場の屋根・板金職人も、それなりの注意を払って施工します。

しかし、結果的に漏れています。やはり納めが簡単ではないということでしょう。雨水の流れと、アスファルトルーフィング・アスファルトフェルトの重なり・上下を考えて、慎重に施工しなければなりません。

ただし、このように難しい場合であっても、現場の職人と直接打合せをしながら、時間をかけて慎重に施工すると、それなりの納め方ができます。漏れる可能性はきわめて少なくなります。このような漏れる可能性の高い部位だけに立ち会って、慎重に仕事をすることができれば、大幅に雨漏りを減らすことが可能です。自分が正しい仕事の仕方・納め方を知らなくてもかまいません。職人と相談し

小屋裏に浸入した雨漏り跡です。雨漏りは量的には少なく、異常に気づくのが遅れました。

写真3・14　小屋裏内部の雨漏り状況

ながら、聞きながら、教えてもらいながら、コミュニケーションを図ることができれば、最後はお任せでかまわないと思います。プロの職人を信頼することも必要です。何といっても、直接自分で施工した経験を数多く持っているということは、絶対的な強みです。

◈コミュニケーション不足は施工トラブルの一因

このような例があります。今から 30 年前、私が新入社員だったころのことです。現場で大工が言いました。

「この場合、どのように納めましょうか？」。 新入社員の私には当然、答えの出しようがありません。私のレベルを察知したその大工は優秀な大工でしたから、続けてこのように言いました。「通常はこういう方法と、こういう方法の 2 通りの納め方ある。この場合にはこの方法が良いと思うが、それで良いですか」。きっちりと正しい誘導をしてくれました。私は「はい、それでお願いします」と答えました。他の方法があるのかないのか私にはわからないのですから、そのように答えるしかありません。

現場はスムーズに流れました。大工も、監督と確認ができたことになります。この大工はスジを通したうえで、自分の思い通りの仕事を進行させました。この大工とはいまだに懇意にしています。現場の監督にとって、仕事の相談ができる優秀な、そして温厚な大工との付き合いは重要です。このときに技能（腕）が優秀な大工だけではダメです。相談のできる大工である必要があります。

同じころ、別の大工はこのように言いました。「この場合、どのように納めるのか？」。 新入社員の私には当然、答えの出しようがありません。事務所にいったん帰って先輩に教えてもらうつもりで、検討することになりました。その後、他の現場の事情があって、かなりの日数が経過してから、回答を持っていそいそと現場に行きました。私の回答を待ちきれなかったその大工は、勝手に仕事を進めていました。進めた仕事の内容は、私が持っていった回答と同じ内容でした。

この大工は、どのようの納めるかの正しい答えを自分でもっていたのです。ただ新入社員の私をちょっとからかっただけです。しかし、工事進行のスジから言うと、監督である私の回答を待つまでは仕事をストップしておかなければならないハズです。現在のように携帯電話はありません。FAXもありません。監督が現場に行くときだけが打合せできる、わずかの時間です。大工は前もってメモをとらない人が多いですから、イザそのときに言い忘れることおびただしいことになります。

古き時代の懐かしい思い出ですが、通常は後者の大工が多いのです。そして回答が遅いからといって、相談せずに自分勝手に納めるやり方が一般化しています。今でも、現場の職方とのコミュニケーション不足は、常にトラブルの一因になっています。

3 本体～下屋軒先の取合い

◈雨水のシミ

建物の本体（2 階部分）と下屋（1 階屋根）の軒先が取り合う個所が問題です。

その前に、1 階の屋根勾配に沿って流れる雨水の、2 階部分の壁との取合いも問題になります。したがって、一般的にはこの個所に、アスファルトルーフィングを二重に張ったり、ゴムアスルーフィングと呼ばれる改質アスファルトルーフィングや粘着性のある高分子系シート、およびゴムアス防水シートを増張りするなどの対処を行います。雨の漏れる可能性の高いところに、防水補強するという考え方で、これは正しい方法です。

しかし、それでもなお危ない個所が、本体～下屋軒先の取合い部

雨漏りのために、タイルを剥がして確認しています。
このような部位には捨てフェルトが必要です。

写真 3･15　本体～下屋軒先取合い

分です（写真3·15）。下屋の軒先の先端部分に流れる雨水は、大雨の時には比較的大量に流れます。その雨水が建物本体側にまわり、長期間、雨水のシミになります。特に左官仕上げの時には、大きなシミになります。これは雨水が、毛細管現象により、じょじょに外壁のアスファルトフェルトに、さらにアスファルトフェルト重なり部分やタッカー打ち部分から浸入していくことによります。

木造の住宅に一度浸入した雨水は、水の道ができ、次回は比較的簡単に、またその水の道から流れることになります。

まず第１は、雨水を浸入させない。
　第２は、雨水が浸入したならば、速やかに外部へ排出させる。
これが原則です。

◈捨てフェルト

次ページの図3·2を見てください。仕事の順番に、屋根組施工途中、あらかじめ大工により、下屋軒先部分に、捨てフェルトを入れています。この捨てフェルトがポイントです。もちろん、後から施工する外壁職人（左官・サイディングのフェルト施工職人）が、捨てフェルトにきっちりと、本来張るアスファルトフェルトを下から差込む必要があります。しかしこれは通常の外壁職人であれば、常識として、捨てフェルトを垂らしておけばきっちりと差込み、施工してくれますから心配ありません。

この配慮は、第２の雨水が浸入した場合に速やかに雨水を排出するものです。タッカー釘で固定して下から差込みできない状態にするとダメです。強風時には、職人も捨てフェルトが飛び散らないよ

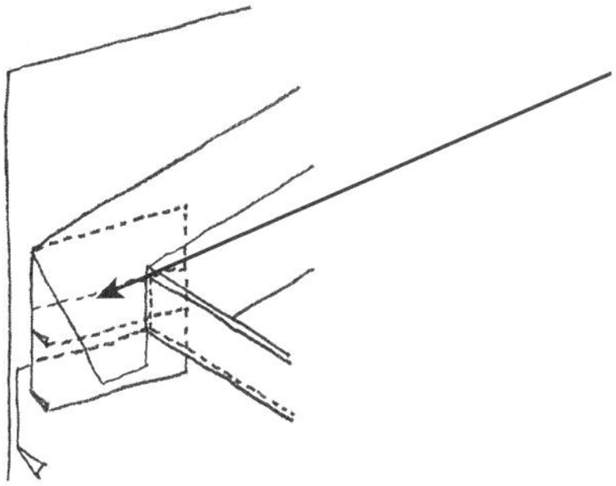
捨てフェルトを大工工事であらかじめ施工します。
その後に下屋屋根組を施工します。
アスファルトフェルトを捨てフェルトの下に差込みます。

図 3･2　本体～下屋軒先取合い捨てフェルト

うに配慮しますので、タッカー釘を多く打つことになります。これが逆に、裏目に出る場合が起こり得ます。

問題は大工段階で、捨てフェルトをきっちりと施工できるかどうかです。なぜならば、大工仕事の途中にアスファルトフェルトをわざわざ持ってきて、あらかじめ差し込むのは面倒くさいということです。本来、大工はフェルト類を準備していません。大工の材料ではないからです。これをあらかじめ施工するには、住宅会社・工務店側がフェルト材料を準備して、それを大工に渡し、どのような施工をするかの指示を出す必要があります。現場において、このやり方は問題が発生しやすいことになります。人の問題になるからです。大工がシステムとして施工する仕組みをつくってあるところはよいのですが、そうでなければ、準備・指示の後のフォローとして、必ずチェックしなければなりません。

◈トラブルを避けるために

人は面倒なことを避けようとする習性があります。職人にも当然あります。したがって、普段やらないことを特別に依頼するときは、施工前に納得させる必要があります。これは施工前というのが条件です。施工した後から、壊して再施工することほど嫌な仕事はなく、ぜひ避けたいものです。建築の現場では、ここで大きなトラブルの原因になる場合が多々あります。施工忘れ・指示確認忘れ・材料がなかったなどの理由により、こちらの思うようにならずに、やむを得ずやり直しをする場合があります。もしできていなければ、将来の雨漏りを考えて、やり直しの勇気も必要です。

現場では、やり直しをせずにそのまま進行してしまう可能性がありますから、このようなポイントだけは充分に、事前に念押しすることが大切です。充分な念押しがあらかじめあれば、職人も気分よくやり直してくれます。ところが、充分な念押しをしなかった場合は、どうしてもわだかまりが残ってしまう可能性があるということです。機械が施工してくれるのであれば、このような問題は発生しません。工場生産比率がいくら上がっても、現場では人間が施工する部分が必ず残ります。

一方、指示する側の監督さん（管理者・監理者・現場代理人・職長・班長・主任など、いろいろな呼び方があります）の、人間としての問題も大きくあります。そして、100 点満点はとれないということも認識しなければなりません。その会社のなかで、Q（品質）・C（コスト）・D（工期）が指定されている範囲内で、人間が行うことです。このあたりが現場監督としての資質かもしれません。いずれにしても、人を使うのは難しいものです。

◈文書で確認する

解決手段としては、「文書」で指示を渡すことです。口頭ではダメです。賢い人であっても忘れてしまうからです。そのために確認したいことは文書で渡します。文書を渡す手段はメール・FAX・手渡しなど、何でもよいのですが、メールやFAXの場合には再確認の電話をするほうが確実です。相手が受取り、理解したことを確認したいものです。

◈軒樋に誘導する部材

次に、「壁止まり役物」（図3･3）がポイントです。屋根メーカーが、純正部品として準備している場合が多いと思います。もしなければ、板金職人にブリキを加工してもらえば済む簡単な部材です。

これを設置する目的は、第1の雨水を浸入させないことにあります。屋根勾配に沿って流れてきた雨水、これは大雨の時にはかなり大量にあふれんばかりに流れます。その雨水を壁際から離して、軒樋に誘導する部材です（写真3･16）。これを設置しておけば安心です。

ちなみに「大雨」とは、1回の降雨量が50mmを超える場合と定義されています。

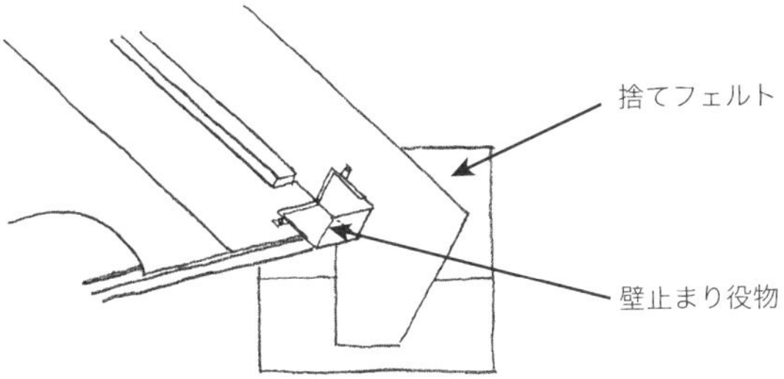

図3･3　壁止まり役物

壁止まり役物の施工例です。
これを設置しておけば、壁際に
雨水が浸入せずに安心です。

写真 3・16　壁止まり役物

先ほど書きましたが、次の２点が重要です。

> **第１は、雨水を浸入させない。（これが１次防水です）**
> **第２は、雨水が浸入したならば、速やかに外部へ排出させる。**
> **（２次防水で完全に止めます）**

雨水は、屋根・外壁の仕上げ材＋シーリング材の１次防水だけでは、処理できないことになります。２次防水の対策も含めて考えなければなりません。

◈作業スペースの不足

写真 3・17 は、現場でよく発生するケースです。重なった屋根の間の高さが充分ではなく、作業スペースがとれないのです。職人が頭を突っ込んで、手を入れて作業をすることが困難であれば、本来の仕事ができないか、できる範囲で納めるのかと、職人は悩みます。

充分な仕事ができないということは、雨漏りの可能性が高くなります。その部分の外壁を、手前に寄せて（ふかして）仕上げるなどの納め方はありますが、本来の設計者の計画した納め方とは異なり

重なった屋根の高さが低いと、下屋の上に昇って作業ができるか？

写真 3・17　上下の屋根の高さスペース

環境の良い緑の多い所に建てる場合の注意点に、落ち葉対策があります。
軒樋に落ち葉が堆積しはじめています。

写真 3・18　軒樋の落ち葉

ます。現場で、職人や監督が悩まなければならないということは、雨の漏れる可能性が高くなるということです。設計上の問題点といえます。

写真 3・18 は、メンテナンスとしての落ち葉対策の必要性です。堆積したまま放っておきますと、雨水があふれ、軒先部分から本体へと雫が伝わり、被害を及ぼす結果となります。この対処は、やはり建築主自らが、日常点検することが最良です。

しかし、施工する側からも、建築主に事前にメンテナンスについて、後のトラブルを避けるためにもアドバイスすることが重要です。

4 水を堰き止める

◈屋根の障害物

写真3・19は、雨漏りが止まらずに、左官仕上げを剥がして点検しているところです。この事例は、屋上のベランダから見たもので、屋根から立ち上がった壁手すり、つまり雨水の流れからすると、障害物を設けたようなものです。水を堰き止める結果になりました。基本的に、雨水の流れる方向に立ち上がりを設けることは、水の流れに逆らうことです。良い設計ではありませんので、避けるべきです。「後は現場で考えろ」では、問題が残ります。しばらくは問題がなくとも、長い将来に何らかの問題が生じる可能性が高いといえます。

図面段階ではチェックのしにくい個所で、工事の進行に伴って後

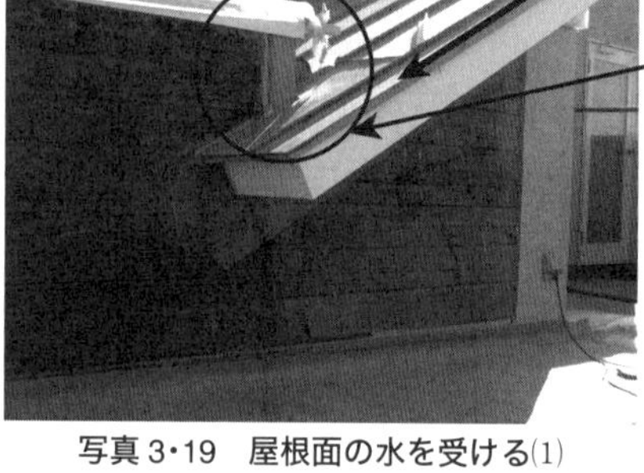

水の流れ

屋根に障害物を設けて、雨水の流れを阻害しています。
水を受けるべきではなく早く流したいものです。
このような個所はない方が将来的に無難です。

写真3・19　屋根面の水を受ける(1)

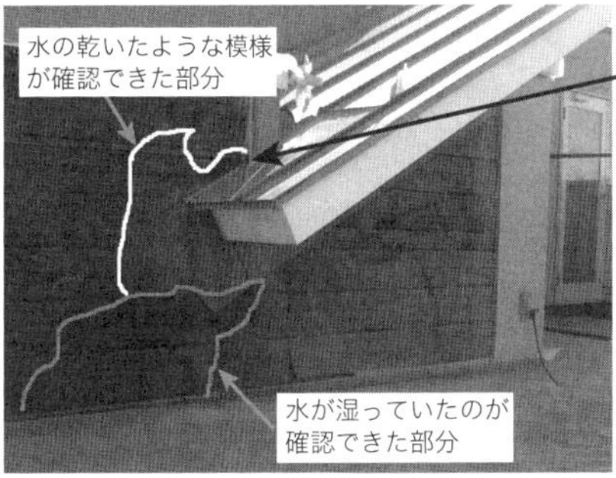
水の乾いたような模様
が確認できた部分
水が湿っていたのが
確認できた部分

左官下地のモルタルは水を吸込みます。通気工法でない場合は、下葺き材をよほど、きっちりと適正に施工しておかないと問題が発生します。

写真 3・20　屋根面の水を受ける(2)

から気づくことが多い部位です。もし、このような納まりになる場合には、工事責任者は雨漏り対策を特別に検討する必要があります。受けた水をなるべく壁際から離して、流してしまうにはどうすれば良いかです。

◈剥がして確認する

左官下地の下こすりモルタルを剥がしますと(**写真 3・21**)、本体〜下屋軒先の取合いと同じ納まりですが、きっちりと下地のアスファルトルーフィングが施工されず、大きなすき間（**写真 3・22**）が生じていました。増張りもされていません。これでは、当然雨漏りすることになります。工事責任者や現場の職人に、技術者としての施工の配慮があれば、このような納めにはしなかったはずです。上部の水を受ける部位から垂れる水が、このようなところから浸入したものです。

板金（ブリキ）職人は雨漏りに対する配慮をして、少し高めの水切りを追加していました。やはり気になったのでしょう。職人の過

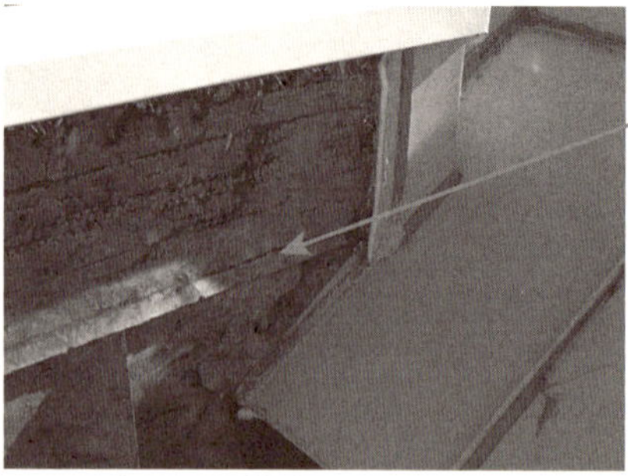

モルタルを剥がしていくと、施工のときの状況が全部わかります。
その職人の技術レベル・人間性がわかってきます。信用問題になります。

写真3・21　外壁モルタルを剥がす

アスファルトフェルト増張り部分を剥がしていくと、木部が直接見えてきます。
防水としては弱点になります。このような部位は充分な増張りをする必要があります。

写真3・22　外壁下地の弱点

去の経験からして、問題個所と判断したわけです。そしてこの板金職人の判断は正しかったのです。ただ、フェルト類・ラス張り職人は配慮しませんでした。

この個所のように、多数の職種が重なる個所においては、だれかひとりが配慮しないと、そのまま問題になります。職人ですから、技術は持っていたはずです。また次工程の職種が注意・確認すればよいのですが、これも職人同士の人間関係があり、やはり難しいのです。

◈大切にすべき職人のノウハウ

ここでいう職人の過去の経験からくるノウハウは、大切にすべきものです。工事責任者や現場監督者などのように、現実には作業をしない人の経験に、現実に作業をする職人の経験をプラスして判断すべきものです。すべてのことがわかる優秀な技術屋は、現実には少ないものです。そして気がつく、つかないという人の問題も生じます。戸建て住宅では、ビルの現場と違い、一つの現場で、大勢の技術屋が何回もチェックすることはできません。第一にコスト上から、技術屋が常駐しない仕組みですから無理なことなのです。

このようなことがよく言われます。現場のどこかで釘がとび出している場合に、ざっと見ただけでも下記のステップがあります。

釘が出ている

①気がつかないか、**気がつく**

②気がついた後、危険と認識しないか、**危険と認識する**

③危険と認識した後、処置しないか、**処置する**

④処置した後、他もないか確認しないか、**他もないか確認する**

⑤確認後、釘の出ない仕組みを考えないか、**仕組みを考える**

人の問題として、体調、そのときの気分、忙しさ、他の仕事との兼ね合いなどにより、すべてが確認できるわけではありません。現場では、人の問題による部分が必ず残ります。このような部位を、最初から設計しないことが一番です。そして設計責任者といえども、納まりをすべて考え抜いて、プランを総合的に設計できる優秀な技術者もまた少ないものです。いくらかは現場合わせという部位も残ります。

　このような納めにならざるを得ない場合には、工事責任者や現場監督者と、職人との間のコミュニケーションが大切になります。このコミュニケーションは決して簡単ではありません。本来はこのような難しい納めを、一緒に検討するのが技術屋・職人としての喜びであるべきですが、効率重視の忙しさによって、切り捨てられ、現場任せになるのです。難しい納めですから、任された職人も自信ある判断がしにくいのです。

　よりよい納めにするには、追加費用がかかる場合もあります。しかし追加費用については、すでに契約された住宅の仕事においては、職人側も業者側も元請けに請求しにくいものです。契約された建築主も、別途工事となっていないもので、追加費用が発生することは当然想定外です。請け負った、決められた予算の範囲内でできるだけ効率よく施工する、総合的判断ができる現場監督者が必要です。

5 片棟・片流れ

◈風雨の吹き上げに注意

片棟・片流れ屋根は、最近流行のデザインです。狭小間口でもスッキリしたデザインということで好まれるようです。1枚屋根ですから、雨漏りの点で優れているのですが、ただ、下から吹き上げる風雨による雨漏りがしやすいデザインということも事実です。下の

軒の出のない片棟です。
すっきりとしたデザインですが、
雨仕舞いは要注意です。

写真 3・23　片棟・片流れ(1)

写真 3・24　片棟・片流れ(2)

写真 3・25　軒の出のない片棟

写真の例は軒の出も短く、施工としてはきわめて注意を払わなければならないことになります（写真3・23～25）。

問題は、鼻隠し～軒天～外壁の取合いです。特に台風などの強風と大雨が重なりますと、軒天～外壁の取合いは水を受ける形になり、きっちりとした雨水排水の流れを確保しておかないと、雨水が外壁から内部へ浸入することになります。問題は、下から風雨が吹き上げる場合なのです。この状態で水が入らないか、入ってもすぐに排出する必要があります。その方法としては、水切りを施工しておくことです（図3・4）。

「外壁勝ち」という表現をしますが、外壁を上へ延ばしておいてから、その外壁に対して軒天材を取り付けると、水の流れはスムーズになります。逆に軒天を先行してから、その軒天に対して外壁を取り付けると、接合部分から雨水の浸入する場合があります。したがって、雨漏りには軒天先行ではなく、外壁先行が好ましいことにな

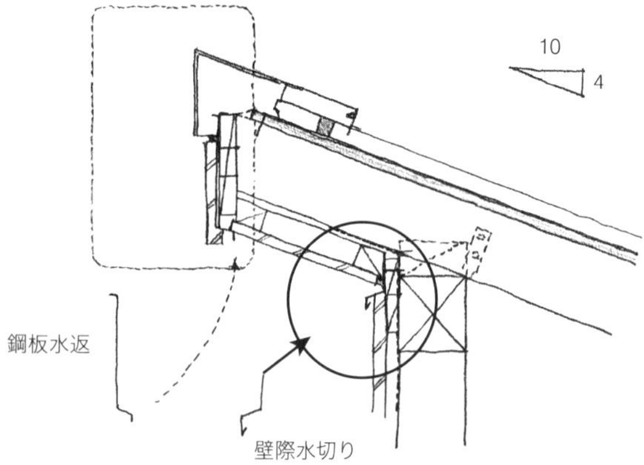

図3・4　片棟

ります（図3･5）。

◈作業工程の影響

ではなぜ、軒天先行が行われるのか？

それには理由があります。施工する職人が、軒天は大工、外壁工事はサイディング施工業者や左官です。職人が異なります。現場では雨仕舞いの点から、できるだけ早く、雨が降っても影響しないように、屋根・外部取合いのサッシ・シャッター・庇の取り付けなどを急ぎます。外部仕舞い・雨仕舞いなどと呼びます。大工としては、外部仕舞いの重要な要素である軒天作業を、内部作業を放っておいても急ぎます。

当然、自分のペースで先に仕事する方が楽です。後から仕舞いをする方が、手間がかかることになります。もし外壁サイディング工事が先に入ったら軒天工事をストップしておかなくてはならないか

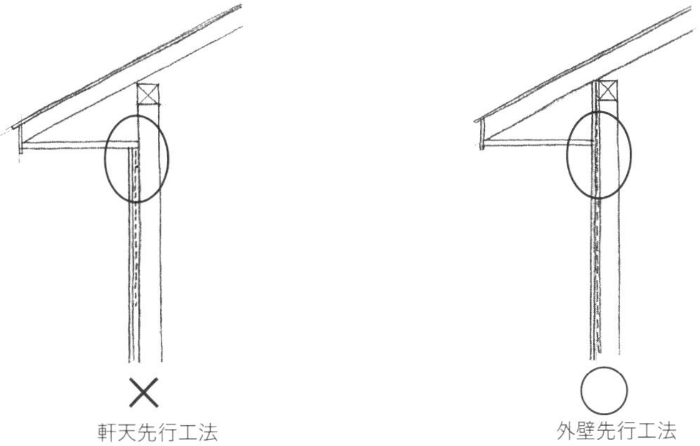

図3･5　軒天と外壁

らです。職人同士は同時に同じ個所で仕事をすることを好みません。この点は職人の世界では厳格です。外部の雨仕舞いが残ることになります。通常の職人は残工事があることを好みませんので、その個所の仕事を完了させたがります。

したがって、雨仕舞いのためよりも、職人の都合で軒天先行が行われます。一般の方には、見た目には同じようで、気づきません。ただし、軒天先行であっても、捨てフェルトが施工してあれば心配はありません。現場での施工方法は一つではありません。その施工方法に応じた納め方があります。

◈軒天先行でいく場合

工程上は、軒天先行工法の方が、待つことなくうまくいきます。現場ではこのように、材料の搬入状況や職人の都合により、作業手順が必ずしも一致しないことがままあります。方法は一つだけではありませんので、与えられた条件のなかで納めていきます。

軒天先行工法の場合は、雨漏りの条件が悪くなりますので、板金屋施工によるブリキ水切りをいれるか、捨てフェルトを施工しておくとよいのです。もちろん水切りの立ち上がりを確保してのことですが、このようにすると雨水の浸入は遮断できます。ブリキ継手部分の捨てシーリングは必要です。

◈シーリング材のみに頼った対策は問題

デザインとして考えますと、水切りなしで、シーリング施工のみで納めるとスッキリとなり、設計者はこの方法を好みます。納めは綺麗ですが、シーリング材が永久に耐久性を発揮するわけではありませんので、当分は問題がなくとも将来的には？です。シーリング材を打ち代える場合は、当然足場が必要ですから、そのメンテナンス費用も考慮にいれておく必要があります。シーリング材のみに頼った雨漏り対策は、将来に問題が生じます。この点は重要です。

しかし、そうは言ってもシーリングしか適当な方法がない場合もあります。やむを得ず、シーリング材で対策する場合もあります。

◈ジョイント部は弱点

この片棟・片流れ屋根は、大雨強風時に軒天から外壁材に雨水が大量に流れますから、ジョイント部分をしっかり防水対策することです。建築ではすべてのジョイント部分は、常に強度上・雨仕舞い上、弱点という扱いになります。雨仕舞いに最も優れた屋根形状は、寄棟・切妻屋根で、軒が長く出ている場合です。もっとも、軒先は長ければよいものではありません。長すぎては強度上、軒先の垂れがおこります。軒の出が100cmを超えますと、建築面積に参入されることになります。

軒の出は、通常約600mm以上出ていれば問題なし、という判断でよいと思います。軒長さ300mm未満は、雨漏り対策が必要です。さらに、トップライトや谷、取合いの壁、バルコニーなどのないものが、雨漏りの点ではベストです。シンプルなデザインがよいのですが、面白みに欠けるということで、一般に設計者には好まれません。建築主も好まれない方が多いようです。ただ雨漏りには、最も問題が少ないということです。

◈軒の出のない場合

片棟・片流れ屋根の場合、デザイン上で、軒の出をとらない場合が多くあります。軒裏天井の内部空気を頂上部から外気に放出できれば最高ですが、雨漏りの関係で換気口をとらない場合も多く、下部の軒天換気口から逆に排気することになります。当然、軒裏天井の暖かい空気はさらに上昇しようとしますが、詰まった状態になります。換気性能は低下します。雨漏り対策と換気対策の両立は難しいのです。

特に高台において住宅を計画する場合は、風と雨が強く、横から下から吹き上げますから、条件が悪くなります。雨が上から下に向かって降るのではなく、下から上に向かって吹き上がる場合もあり、それなりの配慮が必要になります（写真3･26）。

高台にある住宅で、風が強くなります。
片棟・軒の出なし、切妻ケラバの出なしなど、雨漏りには悪条件がそろっています。

写真 3･26　高台の住宅

6 パラペット立上げ

◈壁の最上部が注意点

写真 3・27 は木質系の住宅なのですが、一見コンクリート系住宅のようなデザインです。このようなデザインが最近流行っています。道路から建物を見た場合に、屋根がまったく見えません。軒樋がなく、縦樋が途中から出ていますので、上の屋根はフラットルーフ状態です。屋根勾配が少なく、雨水を受けています。雨水は流れにくく、したがって雨の漏れやすい部位ということになります。

フラットルーフは漏れやすいのですが、ここでは別の話とします。この場合の壁の最上部が、要注意点になります。パラペットと呼ばれる部分です。この天端の納め方が問題になります。笠木になる部分の出寸法が短く、外壁の仕上げ材よりも中に入っている場合があ

この外壁の頂上部分がパラペットと呼ぶ部分です。
この天端の納め方が問題個所です。
雨漏り対策が必要な現場です。

写真 3・27　パラペット部分(1)

同様のパラペット部分です。
また、サッシまわりに外部化粧枠を回しています。外壁よりも突き出ており、危険個所になります。
写真 3・28　パラペット部分(2)

ります。この場合も、雨水を受けることになります。下から吹き上げる雨の場合、笠木板金の下から水が入ります。

斜め下部から散水して、水が入らないかを検査する場合もあります。いわゆる散水試験というもので、住宅会社によっては、義務付けている場合もあります。散水試験といっても、結構難しい点があります。いつ散水試験を実施するかという問題です。アスファルトフェルト時点なら、散水を長時間続けると漏れます。外壁仕上げ材を張ってからでは、万一漏れた場合に対処できなくなります。つまり、散水試験を実施しても、漏れない施工が好ましいことになります。また数 10 分の散水を継続すると、ほとんどの場合わずかですが、漏れてきます。たとえばアスファルトフェルトの固定はタッカーで止めます。小さな穴が開くことになります。長時間の散水のような悪条件下では、このような個所からでも、ほんの少しですが漏れることになります。

◈デザイン重視の納まり

パラペットは本来、鉄筋コンクリート造住宅に用いられるものであり、そのままデザインを木造住宅に転用する場合は、納め方から問題が多くあります。施工面の配慮も当然必要になります。

写真3・29のパラペットは、立ち上がり高さはよいのですが、天端ブリキ（笠木板金）の立下りの飲込み寸法は小さ過ぎます。台風時に水が回り込むためです。設計者は、納め方としてもデザインを重視するあまり、細く薄くしたがります。結果として、雨漏りを多発しています。パラペットの立ち上がり部分の高さが充分ではなく、

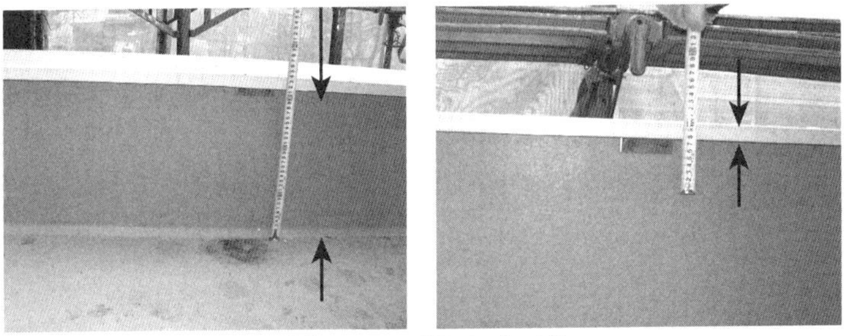

写真3・29　パラペット寸法

パラペット部分上部。
パラペットの立ち上がり高さは充分ですが、天端ブリキの立下り寸法は小さめです。

写真3・30　パラペット状況

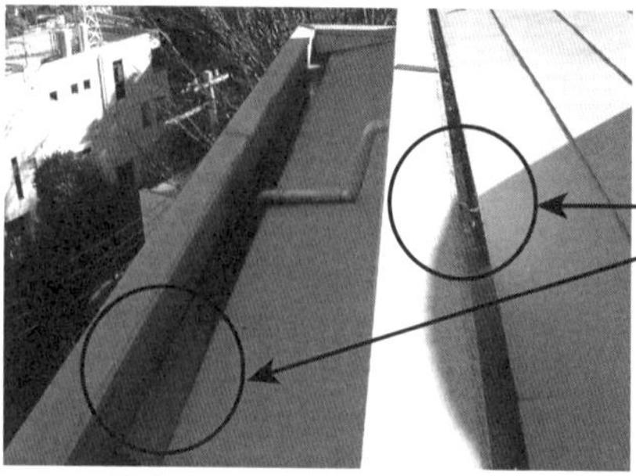

パラペットが二重になっています。
上段は内樋部分の幅が少なく、防水施工上難しいものです。
下段の幅は通常です。

写真 3・31　パラペットの内樋

折板屋根・ガラス屋根・パラペット・内樋と水平部材で構成されています。当然ゴミなどが溜まりやすく管理が必要です。

写真 3・32　パラペットの管理(1)

低い場合も問題です。防水が充分に施工できないためです。

写真 3・31 はパラペットの内樋部分が狭い場合です。職人の手が入らないと防水施工がうまくいきません。このような納め方をする場合は、雨漏り対策に注意する必要があります。

注意ということは、人の問題になります。何事も、解決するために人の注意に頼る対策は危険ということになります。当然、点検・メンテナンスもできにくい状態と思われます。雨漏りという観点からみると、可能ならばこのようなデザインのない家が好ましいことになります。

写真3・32は、パラペット内樋の横にガラス屋根があります。いずれも勾配がほとんどなく、フラットに近く、ゴミはたまり、水は流れにくい状態です。

◈内樋の傷み

写真3・33のパラペットも、フラット部分つまり内樋（隠樋）部分の劣化状況がかなり激しいようです。工場地域であることや酸性雨などにより、劣化速度も速くなっている場合があります。勾配（1/100以上）も悪く、常時水が溜まっている状態をつくっています。

フラット部分つまり内樋（隠樋）部分の劣化状況が、かなり激しいようです。
ゴミも溜まりだしています。

写真3・33　パラペットの管理(2)

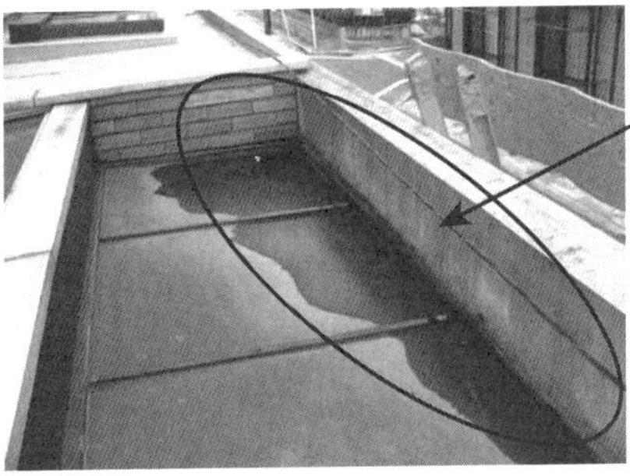

フラット部分に、水が常時溜まっている状態です。少しでも流れが悪いとこのような状態になります。

写真3・34　パラペット水溜り状況

パラペット納めの応用です。
天端部分の笠木板金の下部から雨漏りです。
手直しには足場を架設しなければなりません。

写真 3･35　天端笠木

写真 3･34 も、水が常時溜まっている状態を現しています。晴れの日が続いても常に濡れています。もっと屋根の勾配が急であればよかったと思います。水を流す場合には最低でも 2/100 が欲しいところです。しかし現実には、1/100 〜 0.5/100 のものがあります。

パラペットの内側に昇ると、内樋形式になっています。勾配も緩く、たいていは雨水が溜まっています。落葉やゴミが溜まって排水しにくくなっています。排水口が少し上っており、必然的に水が溜まるようになっていることもあります。水が常時溜まっている状態は、決して良いことではありません。いずれ雨漏りになる可能性が高いものです。

写真 3･35 はパラペットではありませんが、3 階部分のルーフバルコニーへの出入り口の最上部に、このようなデザインがありました。この場合も、笠木板金の下部から雨水が浸入した事例です。理屈はパラペット部分と同じ納めです。また、軒の出のない切妻の妻部分もあります。ここも漏れやすい部位です。

雨漏りを直しているときに、バルコニー出入り口の庇部分からも雨漏りしていることがわかりました。
雨漏りは複数原因がある場合が多いのです。一つの原因を見つけて、ヤレヤレと思ってはいけません。

写真 3・36　雨漏りの複数原因、庇

◈つくり手側の意識

設計する立場では、雨の漏れにくい家を設計する必要があります。当然、現場での納まり状態を考える必要があるのですが、住宅会社の設計担当者は「そんなものは現場がしっかりすればよいことで、俺には関係ない。俺の設計に現場が従うべきである」というような考えが、心の奥底にあるような気がします。結果、迷惑を被るのは建築主です。もっとも住宅会社も会社としての評価を下げ、かなりの出費を強いられることになります。社員もそのとばっちりを受けて、自らの待遇を落とし、モチベーションを下げています。誰も得をする人はいないのです。

現場の施工部隊も、漏れやすい部位は過去の経験からある程度知っているはずです。それなりの対処を考えなければならないのですが、そのまま職人任せになっています。職人も特別に気を使うか、通常の仕事をするかは、人の問題になってしまっています。人の問題になる場合は、通常うまくいきません。必ず問題が生じます。

7 アスファルトルーフィングのタッカー

◈釘打ちのところから

アスファルトルーフィングは、屋根の防水下葺き材です。アスファルトフェルトは、外壁の防水下葺き材です。問題はいずれの場合であっても、固定の仕方です。一般的にこれらの防水下葺き材は、タッカー釘で固定します。タッカー釘というのは、ホッチキスのような又釘をいい、打ち付けることで固定します。それを打ち付けるときに屋根職人は、屋根の野地板の上のアスファルトルーフィングに向かって打ち付けますが、そのときの角度が野地板に直角になりにくいのです。若干斜め方向から打ち付けることになり、少しだけタッカーが浮くことになりがちです（写真 3･37）。この浮いた部分から、雨水が浸入しやすいのです。または逆に、圧力が強過ぎ、タ

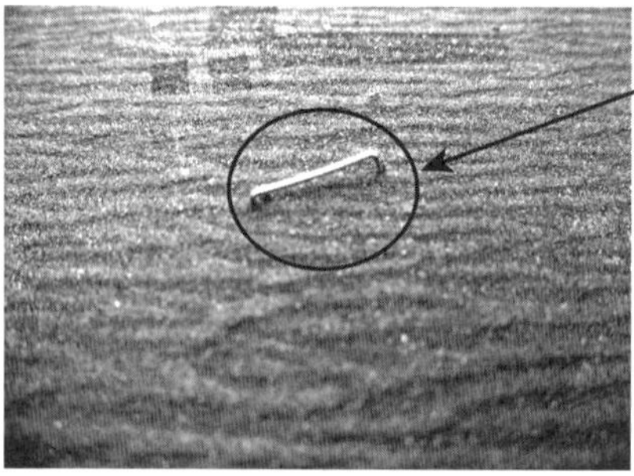

アスファルトルーフィングにタッカー釘が斜めに入りました。浮いた状態です。

写真 3･37　アスファルトルーフィングのタッカー(1)

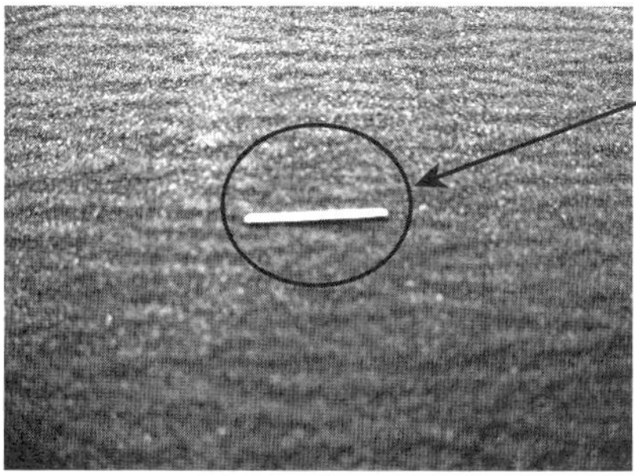

アスファルトルーフィングに
タッカー釘が正常に入りました。
強すぎると、ルーフィングを
破ってしまいます。

写真 3・38　アスファルトルーフィングのタッカー(2)

ッカー釘によってカットされ、アスファルトルーフィングを破る場合もあります。

◈釘の打ち過ぎに注意

通常は問題がないのですが、大雨の時には問題になります。1次防水の屋根材料の上だけではなく、屋根材料の下にある2次防水の防水下葺き材の上を、雨水が流れることになります。屋根材料の下にも雨水は流れることになりますから、防水下葺き材の施工は慎重にしなければなりません。現実には、パンパンと早いスピードで、タッカー釘で固定していきます。いずれにしても、防水下葺き材に針のように、細い穴を開けて固定します。ということはせっかくの防水を破ることになります。このタッカー釘の穴の数は、少ない方が良いわけです。どうせ、屋根材料の固定のために専用の固定釘を打つわけですから、下葺き材の固定にそれほど多く留める必要はないはずです。

ところがこのタッカー釘穴が、異常に増える場合があります。た

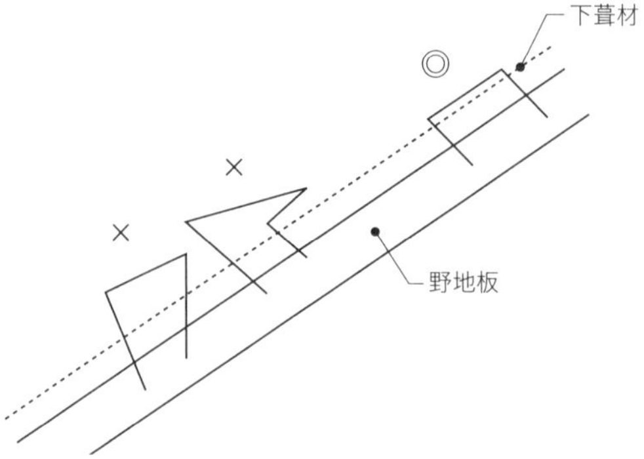

図 3・6　タッカー釘の状況

とえば、台風が来るときです。雨仕舞いのためにアスファルトルーフィングを張り、風で飛び散らないようにタッカー釘でしっかりと固定します。多くのタッカー釘を打ち付けます。このような場合には、やはり漏れやすくなります。壁の場合も同様です。タッカー釘は適切な圧力と、適切な方向から打つ必要があります。

◈釘穴シール性

最近はこの釘穴を嫌い、スプレー式の接着剤で防水下葺き材を固定する場合も増えてきました。

屋根材料にも、専用の固定釘を打ち付けて穴を開けることになりますが、アスファルトルーフィングのシール性によって、釘穴から直接雨漏りすることは少ないのです。特に夏場を１回越しますと、シール性はかなり強度なものになります。このシール性能ですが、アスファルト系の防水下葺き材はよいのですが、外壁に使用されることの多い透湿性を重視した透湿防水シート（白色の防水紙）なるものはシール性が期待できません。この透湿防水シートは、破れることがなく（破ろうとしてもなかなか破れません。カッターナイフで切らないと破れません）、金額は高くて透湿性も良いのですが、シール性能では劣るという意味です。

外壁には透湿性が必要ですから、屋根の下葺き材であるアスファルトルーフィングを使用してはいけません。逆に、結露による被害が発生する場合があります。また屋根に、壁用下葺き材のアスファルトフェルトを使用してはいけません。薄く防水性能が劣り、雨漏りの可能性があります。適材適所ということです。良いものを使ってレベルアップしようとしても、逆にマイナス効果になる場合もあります。よく検討してからにしてください。

8 軒の出のないケラバ

◈屋根の納まり

住宅の屋根形状には、図3･7のように一般に切妻・寄棟・入母屋・方形・片流れ・陸屋根などがあります。雨漏りに対しては、寄棟タイプの屋根が最も良いのです。軒の出のある寄棟タイプで、下屋・バルコニーなどの付属物がなく、トップライトや煙突などのない屋根が最高です。デザインがシンプル過ぎて、面白くないかもしれません。しかし、屋根からの雨漏りに関しては最高といえます。

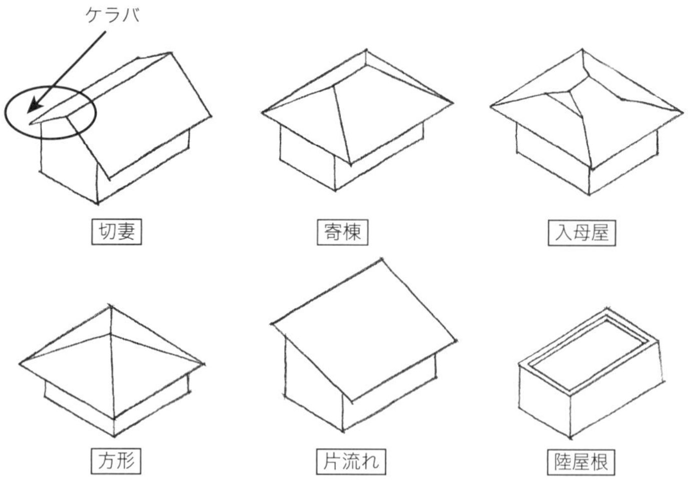

図3･7　各種屋根形状

方形《ほうぎょう》タイプも、寄棟の棟のないタイプですから雨漏りには問題ありませんが、換気トップと言われる最頂部から換気する場合、換気性能は低下します。ただし、軒の出がある場合には軒天換気をとるという前提条件がつきます。

ここでは切妻タイプで、かつ軒の出の少ない場合を取り上げます。軒の出のある切妻タイプには、雨漏りの問題がありません。妻部分の屋根近く、破風板まわりを特にケラバといいます。雨漏りの危険性の高い部位です。

◈軒の出の重要性

基本的に雨の多い日本においては、軒の出がしっかりとある家は雨が漏れません(写真3·39)。昔の日本家屋は、そのような過去の歴史に則ったデザインの軒先でした。軒の出は1mぐらいあります。

たっぷりと軒の出のある家は、雨漏りしません(写真3·40)。軒先と外壁の距離が短い場合、軒の出がほとんどなく、軒先～外壁が取り合う場合は、雨漏りしやすくなります（写真3·41)。

写真3·39　軒の出の大きい住宅(1)

高級住宅地にある、1mはゆうに
超えている深い軒の出です。
雨は漏れません。
写真 3·40　軒の出の大きい住宅(2)

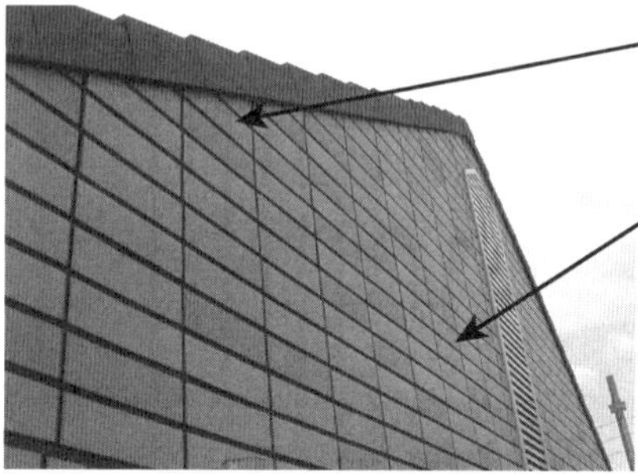
軒の出ゼロの切妻ケラバ部分と
妻換気口です。
タイル仕上げの下地の防水工事
がどのように施工されているか
が問題です。
写真 3·41　軒の出のない切妻ケラバ部分

◈軒の出の短い場合

ところが、軒の出の短い（ない）デザインが好まれるようになりました。狭小地に建設する必要もあり、とりたくても軒の出を確保することができなくなりました。外国の雑誌にも軒の出のない住宅が随分と紹介されており、設計担当者の好みや建築主の好みにより、雨の多い日本でも実例が増えてきました。雨の少ない国のデザインをそのまま、雨の多い国で使うことはできません。日本独特の、別の対策を講じる必要があります。軒の出のない建物を施工してみますと、やはり雨漏りの可能性が高くなります。切妻のみならず、寄

軒の出の短い切妻屋根のケラバ部分。
化粧軒桁が外壁よりも出て、水を受けます。
小窓が多数あり、サッシまわりも漏れやすいところです。

写真 3・42　切妻部分

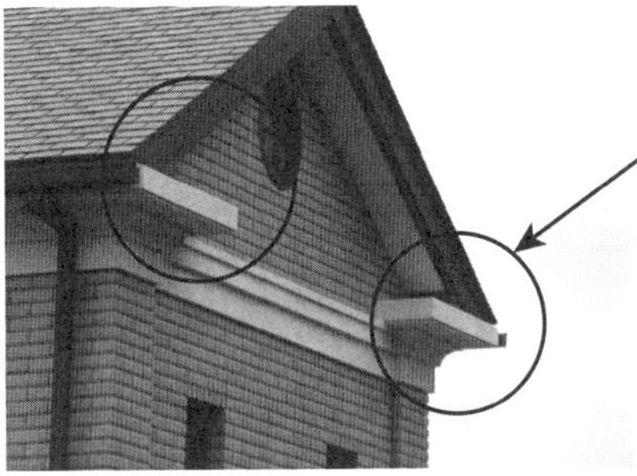

軒の出は 600mm ぐらいあって問題ありませんが、水受けの役目をする可能性が高いモノが取り付けてあります。

写真 3・43　切妻部分の化粧水受け

棟その他の屋根形状でも、軒の出のない木質系建物の雨漏りは非常に多くなります。通常の施工では無理で、それなりの対策が必要になります。対策がきっちりとできれば、雨は漏りません。

写真 3・42 の例は、軒の出も 300mm 以内と短く、化粧の軒桁（水平部材が壁面よりも飛び出ています。つまり雨水をこの部分で受けます）で、小さな多数のサッシなど、雨の漏れやすい設計です。相当にうまく施工しないと、雨漏りする結果となります。

◈具体的な対処法

写真3･44のように、破風板（はふいた）を施工する前に、大工施工で「捨てフェルト」を、あらかじめ取り付けておきます。「捨てフェルト」の材質は、外壁下地材と同じくアスファルトフェルトそのものです。大きさは違います。約250mmの高さで充分です。この捨てフェルトという考え方は重要です。したがって、現実にさまざまな部位でよく使用されますので、第4章1節で再度確認します。

寄棟その他一般の、軒の出が300mm以下の場合に行います。300mmを超えていれば、なしでもかまいません。しかし、切妻のケラバの場合は軒の出に関係なく、行った方がよいでしょう。

外壁と軒裏天井（通常、軒天といいます）の施工順序について、すでに説明しましたが、どちらを先行するかにも影響します。

雨漏りという観点から考えますと、当然、外壁先行、その後に軒天を施工する方が、正解です。万一、外壁〜軒天の取合い部分から雨漏りが起こる場合でも、先行した外壁で止水できます。

これを軒天先行で行いますと、外壁〜軒天の取合い部分から雨漏

破風板《はふいた》と呼ぶ部分。
破風板を取り付ける前に捨てフェルトを事前に施工します。
通常のフェルトは、捨てフェルトの下から差し込みます。

写真3･44　破風板の捨てフェルト

軒の出のないケラバ部分、緩い勾配屋根と外壁の取合い、小窓・換気口、パラペットなど、雨漏り発生の可能性の多い現場です。相当の雨漏り対策の工事管理が必要です。

写真 3・45　雨漏りの可能性

りが起こる場合、外壁の裏側に雨水が浸入します。もっとも捨てフェルトは、外壁工事が施工されればまったく見えなくなります。このあたりは、現場でのチェックが必要でしょう。写真の数枚でも撮っておきたいところです。なにしろ、後から点検できない仕事ですから。

建築主が要所の記録写真を撮ると、現場の職人に対する刺激になります。嫌味にならないように撮っておくことを推奨します。後から見ることのできる仕上げ工事では必要ありませんが、隠れる部分で、雨漏り上重要な点、たとえば捨てフェルト・防水テープなどは、多数の写真で記録しておく方がベターです。この点は、デジタルカメラが普及して便利になりました。下葺き工事ですから、写真映えはしません。面白い写真にはなりませんので、あくまでも記録用です。

9 トップライトまわり

◈トップライトの長所・短所

トップライト（天窓ともいいます）も、よく雨が漏れるところです。屋根に穴を開けてそこから明るさを採ろうとするのですから、当然雨漏りの可能性は高くなります。

建築基準法施行令によりますと、住宅の居室には、採光に必要な開口部をその居室の床面積の1/7以上確保する必要があります。ところが街のなかでは、隣地からの距離や軒の出などにより、有効な開口部として認められない場合があります。そこに天窓を取り付けますと、3倍の有効な開口部面積として認められます。それだけ、明るさを求める場合には有効な手段です。何しろ、天窓の面積の3倍として扱ってくれるのですから。2階の階段室など、外部に面するところが少ないプランですとなおさらです。また、なんとなく、トップライトのもつ格好良さ・魅力的なものを感じる方も多く、よく採用されます。

その反面、屋根に穴を開けるということは雨漏りの観点からいうと暴挙でもあり、雨漏り対策を特別に行う必要があります。トップライトは、各サッシメーカーにより商品化されたものがありますから、それを使えば、現場で造作するものよりははるかに安全性は高いのですが、それでも雨漏りを考慮した取付けをしないと危険性は高いのです。

◈施工上の注意点

トップライトのガラス面の位置は、屋根面よりもできるだけ立ち上がり寸法が大きい方が、雨漏りに対しては有効です。そしてその立ち上がり部分を、しっかりと防水施工を行えば漏れないことになります。そのときの施工には、かなりの注意が必要です。

トップライトまわりと屋根の野地板面の取合いは、狭い範囲に出隅・入隅が多く、水の流れを考慮して、屋根防水下地のアスファルトルーフィング、さらにゴムアスシール・立ち上がり部分の増し張

トップライトからの雨漏りのため、ブリキを外して点検しているところです。

写真 3･46　トップライト点検

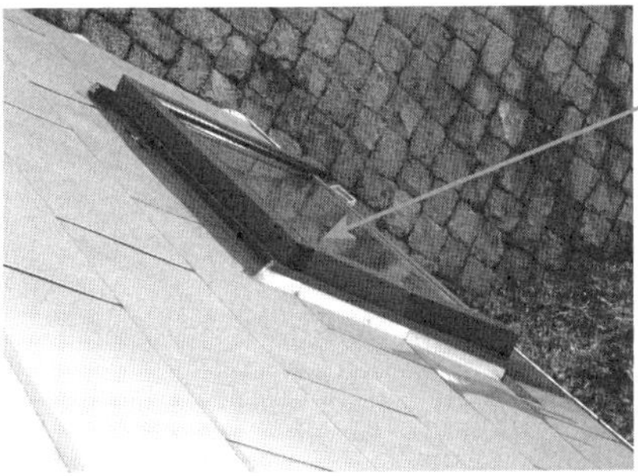

ガルバリウム鋼板屋根にトップライトを適切に取り付けた場合、雨漏りはしませんが、結露の問題があります。

写真 3･47　ガルバリウム鋼板屋根のトップライト

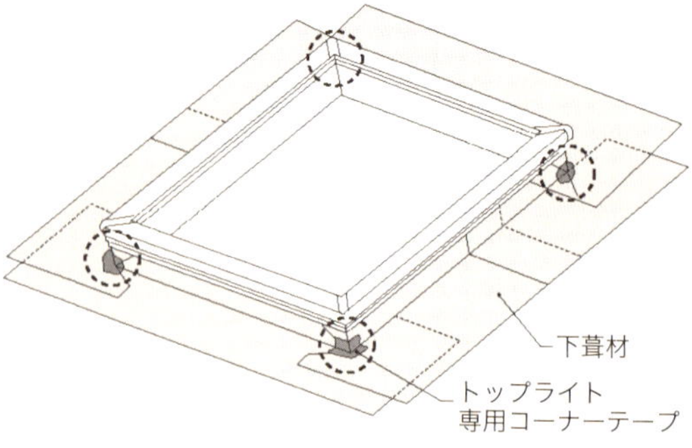

下葺材を立上げ、コーナー部分にはトップライト
専用コーナーテープを使用します

図3·8　トップライト

り防水シートなどを組み合わせていきます。ここの施工部分を、工事監理者が立ち会いながら施工すれば大丈夫です。

◈モデルハウスならよいが

このような事例があります。ある住宅展示場での実例です。若い設計担当者は、この建物に力を入れていました。建築主の意向のない、設計者が自由に設計できる久しぶりの建物です。そして展示場ですから、住宅会社のメンツもありますからそれなりの予算をかけた建物です。当然、設計者としては力が入っています。

屋根の材料は、玄昌石という天然スレートで、見た目も格好のよいデザインです。そこに大型のトップライトを取り付ける設計です。当然、既製品のトップライトではイメージに合わないということで、現場造作のトップライトになりました。それも、屋根材の玄昌石とトップライトのガラス面は同面の位置（同じ高さ）ということでし

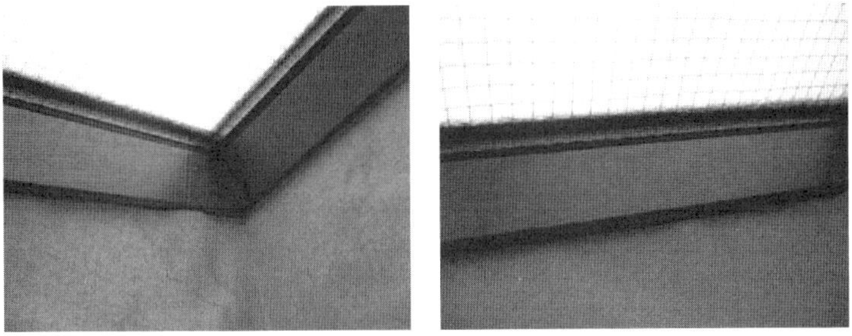

写真 3・48　トップライト室内側雨漏り

た。立ち上がり高さが充分に確保されれば、それほどの問題はありませんが、デザインの観点からいうと、トップライトの高さは目立たなく、低い方が好ましいことになります。仕方なく、現場の大工、屋根工事の監督・職人と相談しながら、トップライト周囲に溝をつくりながら防水施工して納めました。

これは住宅展示場ですから、誰も住むことがありませんので、万一のことが発生しても迷惑もかかりません。また築数年で解体撤去されます。デザイン面で格好よければそれでよろしい。仮設建物ですから、別段問題ではありません。数年間雨漏りしなければそれで良いのですから。

ところが一般の住宅の場合は、こういうわけにはいきません。10年保証、あるいは住宅会社の有償点検と有償メンテナンスを実施すれば、さらに20～30年と保証延長されていきます。この場合には、この展示場で納めた方法では無理がきます。雨水を受ける設計は、基本的に具合いが悪いのです。雨水は、できるだけ早く流してしまわなければなりません。

◈やっかいな結露

トップライトで気をつけなければならない点が、もう1点あります。それは、結露による水滴です。雨漏りではなく、結露です。結露とは、室外の温度と室内の温度・湿度の条件により発生する水滴です。

たとえば、キッチンやダイニングキッチンにトップライトがある場合には、料理に伴う水蒸気が大量に発生します。室温も高くなります。外気が冷たければ、必ず結露が発生します。換気扇は当然回っているでしょう。トップライトは二重ガラスになっており、断熱性はある程度確保されていますが、ある程度です。キッチンのような大量の水蒸気では、換気扇があってもやはり結露が発生します。雨漏りとは違いますが、雨漏りと同じ現象がおこります。雨からの水ではなく、空気中に含まれる水蒸気から起こりますが、水であることに変わりありません。窓サッシなどのガラス表面に現れる結露（表面結露）は気づきますから、ふき取り対処が可能です。

さらに、やっかいな内部結露というものがあります。ここでいう

屋根一面にトップライトが6個所つきました

写真3・49　トップライト多数

内部とは、壁のなかという意味です。壁のなかですから、通常は気づきません。室内側に露呈してくるころには、相当の被害が発生した後ということになります。結果は雨漏りと同様です。トップライトのガラス面は斜めになっており、垂れた水は、木部・石膏ボードなどを通って壁の内部に浸入します。なかなか乾燥できない状態で、内部結露になります。

10 ドーマー・煙突・換気トップ

◈屋根上の開口部

屋根に穴を開けて、突起物（ドーマー・煙突・トップライト・換気トップ等）など障害となるものがある場合には、雨漏りの条件が悪くなります。下葺き材の増張りなどの補強による対策が必要となります。

屋根面に穴を開けて、換気・採光をとる場合がありますが、当然

写真3・50　各種ドーマー

写真 3･51　換気用煙突

写真 3･52　暖炉用煙突

要注意個所となります。雨水を受けずに、速やかに排出する考え方で、アスファルトルーフィング、防水テープ類の上下の順序を考えて施工します。時間をかけてゆっくりと、慎重に施工すべきポイントです。雨漏りの起こりやすい個所は、きっちりと仕事をすることにより、防ぐことが可能です。

煙突の用途ですが、本格的に暖炉用として使用するときは暖炉メーカーの既製品の煙突が好ましいと言えます。なぜならば、サイズ・寸法比率により煙がうまく上昇せずに、逆流する場合もあるからです。煙突を屋根から離して、壁付きとする場合は雨漏りの点からは問題ありませんが、屋根を抜く場合は要注意になります。換気用の煙突の場合は、なるべく上部に取り付ける方が換気性能は良いのですが、雨漏り対策としては棟・隅棟・谷部分からはなるべく離したいところです。

写真 3･53 の換気トップは、寄棟屋根の最上部から換気するため、軒裏天井からの換気よりも、効率のよい換気になります。小屋裏の暖かい空気が上昇する原理を利用したものです。空気の温度差による比重の違いを利用した、自然エネルギーによる換気です。まった

写真 3･53　一般的な換気トップ

写真 3･54　特殊な換気トップ

写真 3･55　屋根の例

雨漏りの可能性の高いものが多くあります。
ドーマー・妻換気口・軒の出のない破風板など水を受ける個所が多いです。

く化石エネルギーを使わず、自然の法則に則った換気で、素晴らしいものだと思います。ただし、前ページの**写真 3･54** のように、電気エネルギーを使って換気扇による強制換気を行うよりは、当然効率は落ちます。

勾配の緩い方形屋根の最上部に設けた別注の換気トップです。換気扇による強制換気のため、きわめて効率的で、一気に換気します。

基本的に雨漏りの観点からは、**写真 3･55** のような障害物は設けない方がよいわけですが、対策をきっちりと行えば問題はありません。いかなる雨漏りも防止することは可能です。ただし、永久に保証できるものではありません。

第4章
雨漏りの事例
〈外壁編〉

1 アスファルトフェルト捨て張り

◈効率のよい施工法

外壁の下葺き材の捨て張りです。第3章8節は外壁～軒天の捨て張りの話でしたが、この節では捨て張り全体の話になります。それだけ、この捨て張りということは重要と認識してください。

たとえば、サッシまわり、シャッターまわり、庇まわり、換気フードまわり、バルコニーまわりなど、実に多くの部位で応用可能です。そして、雨漏りに対しては、効果的な手法となります。かかるコストとしては、材料面でアスファルトフェルトがほんの少し、施工手間がほんの少しで、経済的です。費用に比べて、大変効果の大きいものですから推奨します。

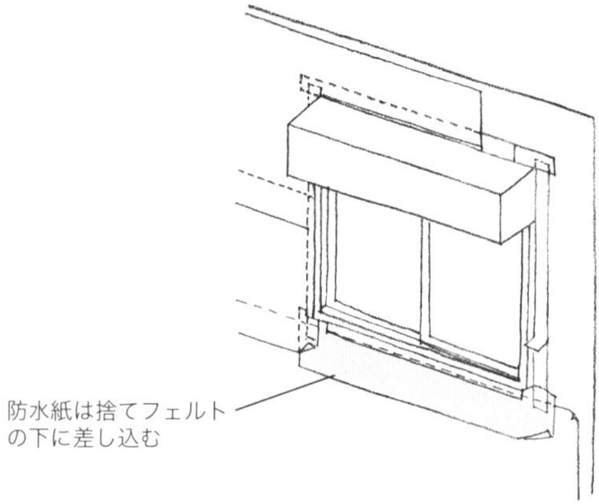

図4･1　サッシまわり捨てフェルト

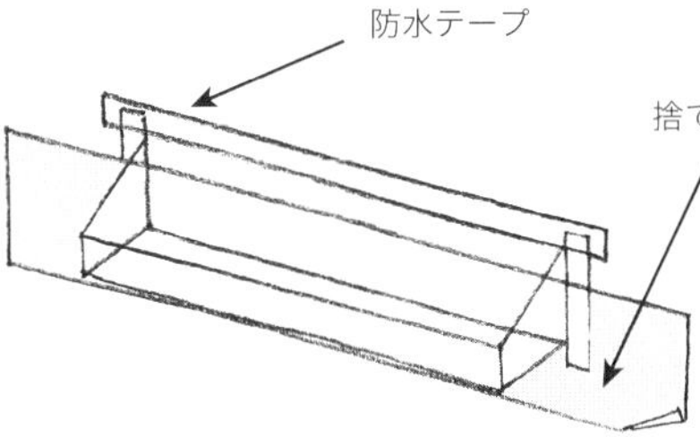

図 4・2　窓庇捨てフェルト

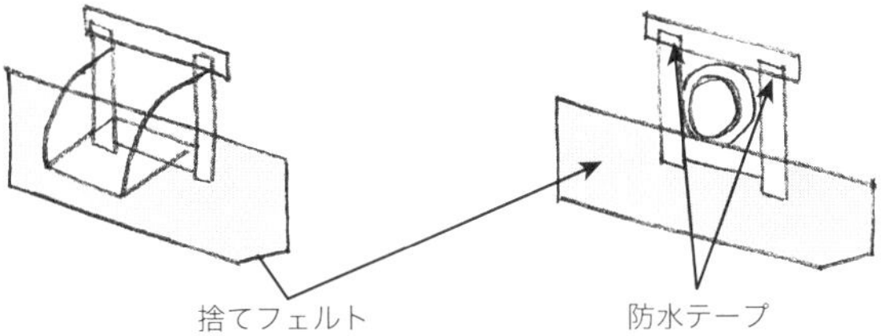

図 4・3　換気フード捨てフェルト　　　図 4・4　ツバ管捨てフェルト

住宅会社では、昔はこのような捨て張りということを施工していませんでした。結構雨漏りしていましたので、さまざまな対処の結果、改善事例となりました。

この「捨て」という言葉は、建築ではよく出てくる言葉ですが、雨漏りにおいては特に重要な概念になります。大工が軒先まわりを施工する際に、途中（たとえば破風板設置前）であらかじめ「捨てフェルト」をいれておき、その上から破風板などの施工をします。この「捨てフェルト」は固定せずに垂らしておきます。

◈捨てフェルトの下に差し込む

次ページの**写真 4・1** は、捨てフェルトのみ施工し、外壁下葺き材未施工の状態です。捨てフェルトが垂れているその下に、アスファルトフェルトを差し込むことにします。すると水の流れに逆らうことなく、下から上へと順番に水が流れるように施工できます。水の流れに逆らわないことが重要となります。水は上から下まで滞ることなく、流しきります。

もし水が入っても、「捨てフェルト」により、雨水を内部まで浸入させないで止めることができます。2次防水の考え方です。

逆にせっかく捨てフェルトを入れても、その上からアスファルトフェルトを施工してしまうと、捨てフェルトの水はアスファルトフェルトの下へ浸入します。重なりとフェルト類の上下は、水の流れに沿って考えて施工します。つまり捨てフェルトは、必ず垂らしておくことがポイントです。次ページの**写真4･3**は、捨てフェルト(写真でも後から判断できるように色を変えてあります) に対し、下からアスファルトフェルトを差し込んだところです。

強風時などの対策として、タッカー釘で固定してしまいますと、下から差し込むことができずに、上から張る結果になり、雨漏りの危険性が高まります。防水紙の上小口を見せない施工が大切です。

サッシを取り付ける前にあらかじめ「捨てフェルト」を施工しておき、垂らした状態にします。固定してはダメです。

写真 4･1　サッシ捨てフェルト(1)

「捨てフェルト」をサッシ下端に差し込んだ状態です。
アスファルトフェルトは水の流れを考えて、下⇒上へと施工します。

写真 4･2　サッシ捨てフェルト(2)

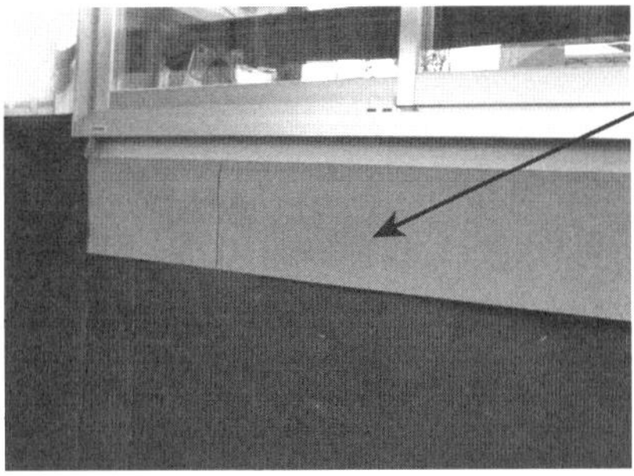

「捨てフェルト」の下から、アスファルトフェルトを差し込んだところです。
アスファルトフェルトが下、捨てフェルトが上にくると OK です。
水が上から下へと流れます。

写真 4･3　サッシ捨てフェルト(3)

この「捨てフェルト」は、さまざまな個所で使用可能です。そして、雨漏り対策として重要な役割を担います。

捨てフェルトを施工する個所といっても、標準マニュアルのなかには記載されているでしょうが、その現場の図面や仕様書のなかでは記載されないものです。しかし、雨漏り対策としては、重要なキーワードと認識してください。当然、アスファルトフェルトを施工した後でも、捨てフェルトは上にきますから確認は可能です。ただし、外壁仕上げ工事が入れば確認できなくなります。その途中で写真撮影しておけばよいでしょう。

2 外壁サイディングの浮き

◈優れた工法

外壁の乾式仕上げに、サイディング張りがあります。ちなみに、左官下地に吹き付け仕上げを湿式仕上げと呼びます。サイディング工事は乾式仕上げであるがゆえに、乾燥期間は必要としません。したがって工期（D）短縮に大いに貢献する工法であり、現在までかなり多用されてきました。最近、左官工事も味という点で見直されてきましたが、やはり主流はサイディング張りです。工期の他に、左官仕上げによくある、塗りむら・クラックなどが少なく、左官工事ほど職人の腕を選ばず、品質（Q）も比較的安定しています。また、金額も平均的に安く（C）なっており、選択しやすい工法です。QCD すべての点で優れた工法と言えます。

◈納め方

サイディング張り工法ですが、実は 2 通りの納め方があります。

①通気層を設ける工法

②通気層を設けない直張り工法

の 2 通りです。

①通気層を設ける工法とは、壁体の木部に防水のアスファルトフェルトや透湿防水紙を張り、胴縁（18 × 36mm）という木材を縦方向に打ち付け、その上からサイディングボードを張ります。縦胴縁

の厚み分だけが通気層となり、空気が通ることになります。空気を通すために、胴縁は縦方向のみに打ち付けます。横方向に打ち付けますと、そこで空気が通らなくなります。サイディングの種類によっては、この胴縁の代わりに金具を打ち付け、その金具にサイディングを固定する金具留め工法もありますが、意味は同じです。

②通気層を設けない直張り工法とは、壁体の木部に防水のアスファルトフェルトや透湿防水紙を張り、胴縁を打ち付けずに、その上から直接サイディングボードを張ります。縦胴縁の厚み分がありませんから、通気層はなしです。空気が通ることはありません。①に比較してコスト面では安い工法ですが、性能面でお薦めはしません。

壁のなかを空気が通るということは、結露や雨漏りによる若干の水分は乾燥してしまいます。耐久性という点で素晴らしい工法です。しかし当然、胴縁を打つ分コストアップになります。このあたりは外観から見ただけではわかりません。見た目は同じですから、コストダウンしなければならないときに、ターゲットになりやすい部分です。逆に性能は、その分落ちていることになります。このあたりを建築主が理解したうえで、あえてコストダウンをされれば、それはそれで良いのですが、意味がわからないままのコストダウンは、何らかの代償を支払っている場合がありますので、注意する点かと思います。コストダウンではなく、仕様ダウン・性能ダウンです。空気の流通のない、密閉された空間を壁体内に設けるのは、好ましくありません。壁体内には何らかの湿気が、必ず含まれます。密閉された空間では、必ず弊害が生じます。通気すればこの問題は解消します。

したがって最近は、原則的に通気工法が採用される場合が一般的です。ここの雨漏りは、通気層のない直張り工法での事例です。通気工法なら、多少の雨漏りは胴縁厚み部分18mmの通気層のなかを雨水が流れ、速やかに排出されますから問題は少ないと言えます。

◈段差から漏れる

次のような雨漏りクレームがありました。雨漏り原因の可能性は、

①壁の不陸（真っすぐでないこと）などにより、外壁目地部の防水シールが密着していない部分から、雨水が浸入した。

②縦張りサイディングの横目地ジョイナーが水を受け、浸入した水がオーバーフローした。

③外壁サイディング下端の釘穴から、防水紙裏に水が浸入した。

サイディングボードの縦目地部分に、細いシーリング材が2本ついています。このシーリング材が密着して固定されている外壁は、雨漏りがありません。

この点については、外壁メーカーの協力を得て、実験をすることができました。この実験で、壁に少し段差をつくり、このシーリング材が密着しない場合をつくり、散水試験をしました。結果は、じゃじゃ漏りでした。少しの雨漏りではなく、大量の水が一気に浸入しました。したがって、サイディングボードの下地となる木部は平滑にし、かつ、しっかりと縦目地部分が密着するように固定しなければなりません。

サイディング張りが縦胴縁や金具留めの通気工法であれば、このような雨漏りの心配はありません。通気層を水が流れ、速やかに排水し、そして乾燥するからです。

◈検証をする姿勢

この雨漏りの検証において、外壁サイディングメーカーは協力的でした。自社工場のなかで、無料で実際の壁面を再現し、散水試験を実施してくれました。そのときに立会い、現実に雨漏りの状況をこの目で確認しました。透明のビニールシートを張ってくれ、はっきりと状況がわかるようにしてくれました。このような対応をしてくれるメーカーは、技術屋としてうれしく思います。雨漏りはダメですが、対応の素晴らしさに感激しました。このような経験をすることによって、材料メーカーの知識・技術も上っていくものです。

最近は、技術分野を自社では廃止し、設計事務所への外注に頼るメーカーも出現してきました。その方が目先のコストダウンになるようです。設計できないメーカー・現場に行かないメーカーは、自社ではチェック機能がありません。一部上場の優良企業でも、この傾向があります。技術を軽視する企業の商品は、いずれは問題をおこす可能性が大いにあると思っています。

◈隣接して建てる場合

非常に狭い敷地に建てる場合や、連棟式の住宅の一部を解体して建てる場合があります。このような場合には、できるだけ大きな面積の家を建てたいわけです。小さな土地に大きな家をということで、相反する要求を満たすために、次のような方法を考えました。別に私が考えたわけではなく、一般に使われる工法です。

建物を建てるときに、隣接地に面する壁面のみは、建てる時点で、サッシ・防水紙・サイディング・シーリングなどをすべて施工しておき、レッカー車と呼ばれる移動式クレーンで一気に吊り上げる工

狭小地の建て起こし。
仕上げてから建てる。

写真4･4　隣接して建てる

法です。通常は「建て起こし」と呼びます。いったん建ててしまいますと、当然、後から足場を設けるすき間はもちろんのこと、職人が入ることのできるすき間すらありません。市街地のなかの工事では、よく見受けられる工法です（写真4･4）。移動式クレーンで吊り上げるわけで、途中で無理な力が加わり、多少のズレでシーリングの不具合・サイディングの浮きが生じるかもしれません。しかし、一応納めることができます。

いずれにしろ後から修正を行うことができませんので、これで完成になります。隣接建物がほとんど接触しているために、風が吹くこともなく、雨が漏れることもまずありません。ただ、隣接地が将来解体された場合は、その際に充分な点検、および適切なメンテナンスが必要です。

3 サッシ・シャッターボックスのコーナー

◈重要なツバ

木造用のアルミサッシやシャッターには、アルミ枠にツバが付いています。このツバが、雨漏りに重要な役割をにないます。ツバとは何かは、写真4･5を参照ください。

このツバが建物本体の木部に直接取り付いて、両面接着の防水テープを張ります。アルミ枠と木部の境目を芯にして防水テープを張るわけですが、テープに付いている離型紙をめくらずに付けておき、外壁下地防水紙（黒いアスファルトフェルトや白い透湿防水紙と呼ばれる紙）を張る直前に離型紙をめくり、その上から外壁下地防水紙をしっかりと押さえつけます。押さえ方がゆるいと密着しません。両面接着になっていますから、きっちりと押さえることにより密着

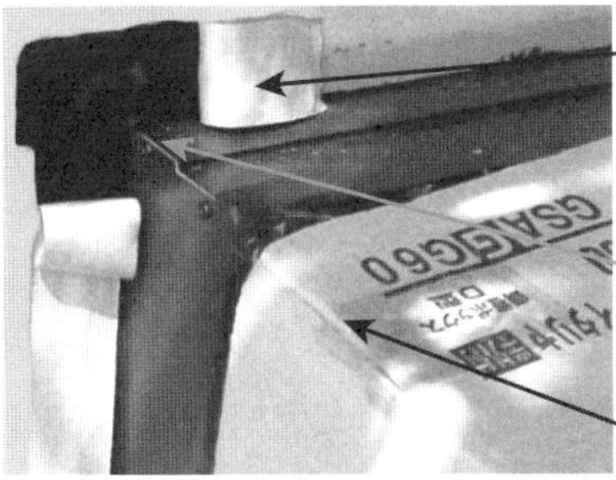

シャッターボックスのツバに防水テープを張る。
離型紙を少しめくった状態。

コーナー部分のツバが一体。防水テープを張る。
この上から防水紙を張る。

これは養生（傷・汚れ防止）の紙。

写真4･5　サッシコーナー部防水テープ

することになります。これらが密着することにより、すき間ができず、雨の入らない施工になります。建物本体の木部〜アルミサッシ枠〜外壁下地防水紙がそれぞれ密着してすき間なく施工されると雨が漏らなくなります。

ここで問題が生じます。アルミサッシでもシャッターボックスでも、上部のツバのコーナー部分を見てください。このコーナー部が、一体につくられているなら良いのです。全周にツバがすき間なくまわっていればよろしい。メーカーにより、サッシにより、新旧タイプにより、コーナー部分がカットされている場合があります。もともと、そのような製品としてのサッシになっています。この場合はツバがない状態になり、防水テープがうまく張れません。すなわち、肝心な部分にピンホールが生じます。当然、雨の漏れる状況をつくることになります。サッシメーカーも制作するときに、一体の材料ではなく、接合しているだけで、現場で少しの衝撃で曲がってはずれることもあります。当然、ツバ部分に穴があくことになります。**写真4・5**は、シャッターボックス上部のコーナー部分と、アルミ枠のツバ部分に防水テープがしっかりと張られた状態です。これなら漏れません。この上から、アスファルトフェルトを密着して張り付けます。特にサッシのコーナー部分に注意を払います。

段差の問題もあります。2mm くらいまでなら許容範囲でしょうが、それ以上の段差がある場合は防水テープがうまく張れず、アスファルトフェルトと一体化できません。この場合も雨漏りの可能性があります。

なお、透湿防水紙の場合は、アスファルト系材料とは相性が悪く、通常の防水テープと接触させますと、溶出して黒いシミになります。

アクリル系などの透湿防水紙専用の防水テープがあります。アスファルトフェルトと透湿防水紙を接触させても同じ現象が生じますから、同時に施工してはいけません。

アルミサッシとシャッターが一体となった製品が増えてきました。これは雨漏りの観点からは、接続部の現場施工が減るわけですから、好ましいことになります。ただし、リフォームする場合は全部取り替えなければならないことになります。

◈外壁仕上げ材がサイディングボード(乾式工法)

胴縁工法は、厚さ 12 〜 18mm の木材（胴縁といいます）を防水紙の上から打ち付け、12 〜 18mm のすき間を設けてから、サイディングボードを張ります。外壁仕上げ材のサイディングボードと防水紙の間に、胴縁の厚み部分だけすき間をつくります。このすき間を通気層と言います。この通気層により、サイディングボードの裏側に雨漏りが起こっても水が排出される仕組みです。水が入った場合に、排出させる仕組みが重要です。これは、外壁仕上げ材の裏側に水が入るということを意味します。

水は自然の法則により、高い所から低い所へ流れます。一番低い所に水の排出口を造らなければなりません。木質系の建物には通気をとっておけば耐久性が大幅に向上します。水は液体ですから、流れていると腐りませんが、滞ると腐ります。気体も同じことが言えます。通気がなければ、蒸れにより腐りが早くなります。

写真 4･6 は、旧式のサッシで上部のツバ部分がカットされていました。もともとそのような製品だったのです。現場でいたずらにカットしたわけではありません。防水テープがうまく張れずに、コー

サッシコーナー部分にツバがなく、コーナー部分の防水が弱点になります。
複雑になると防水施工が困難になります。

写真 4･6　サッシコーナー部取合い

ナー部分にピンホールができ、そこから雨が浸入しました。

また、この例のように、問題になるサッシ上部コーナー部分に、他の部材が取り合うような場合は、さらに問題を複雑にします。防水処理が、適切にされない可能性が大です。このような部位はきっちりと立会い、確認が重要です。

◈外壁仕上げ材が左官（湿式工法）

通常は、建物本体の木部にアスファルトフェルトや透湿防水紙を直接張り付け、その上にラスという金網を張ります。このラスが、左官材料のモルタルを付着してくれます。下こすり、（中塗り）、仕上げの、平滑なモルタル刷毛引きで仕上げていきます。この間には、当然乾燥期間が必要になります。できるだけ長期間乾燥させて、クラック（ひび割れ）が入るだけ入り、落ち着いてから、仕上げの吹き付け工事（リシン・スタッコ・ジョリパットなど）になります。左官材料のひび割れは、後ほど話をします。これは通気層がありません。当然に問題が生じると思われます。雨がなかに入った場合、結露が発生した場合、蒸れた場合などに対処できません。

外壁仕上げが左官仕上げの場合でも、通気層を設けることは可能です。ただし、専用のパッキン材を建物本体木部に取り付けたうえに、特別の防水紙付きのラス(金網)を施工することになります。このパッキン材の厚さ分がすき間、つまり通気層になります。

左官材料のモルタルも水を吸います。サイディングの場合と同じく、裏側に水がまわります。その場合、この通気層を設けることにより、雨漏り・結露・蒸れなどの被害低減に大きな効果を発揮します。

4 サッシまわり

◈毛細管現象で入り込む

下の写真は、アルミサッシまわりからの雨漏り被害実例です。かなり長期間にわたって、雨水は浸入していました。

アルミサッシ枠やドア枠を建物本体に取り付けるときに、サッシ

サッシまわりからの雨漏りです。
腰壁部分に黒いカビが発生して、
腐り始めています。

写真 4･7　サッシまわり雨漏り被害(1)

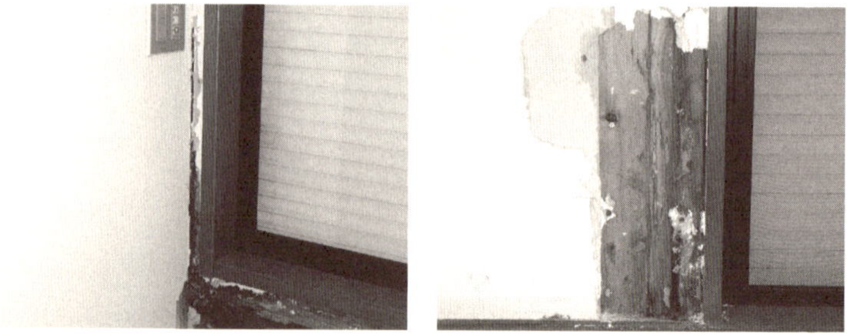

写真 4･8　サッシまわり雨漏り被害(2)

のツバ部分を本体木部壁に固定します。その後に大工施工にて、幅50mm（できれば75mmが望ましい）の両面粘着タイプ防水テープを、サッシ枠ツバに半分の25mm、残り半分の25mmを木部壁にまたがらせて張ります。上側の離型紙をそのままにしておき、アスファルトフェルトを張る際に離型紙をめくります。先に離型紙をめくってしまうと、外部に粘着面をさらすことになり、雨・紫外線・埃などにより粘着性が失われ、肝心のアスファルトフェルトと密着しなくなるからです。要は、アスファルトフェルトとサッシ枠が密着しておればよいわけです。

サッシ枠は、ツバ部分から外側は突き出ています。これはそのサッシ枠の上面部分で雨水を受けることになり、一時的にせよ雨水が滞留することになります。この滞留した水が、アスファルトフェルトとサッシ枠の粘着性が悪いと、毛細管現象により内部側にまわることになります。ほんのわずかでも水がまわると、木部の場合は問題が生じます。現在の建物は、防火性能や仕上げの納めの関係で、木部が外部に露出することがなく、逆に雨水の浸入の場合は乾燥することなく、腐りがはじまります。乾燥が期待できない納めになっています。毛細管現象のようなわずかの水でも、腐りがはじまることになります。

◈対処するには

コンクリートや鉄骨造の建物では、木質系住宅のような問題は少ないといえます。これは構造体そのものが腐るわけではなく、雨漏りが発生しても、構造体ではない造作材・野材・石膏ボードなどの被害に留まるため、それほど神経質になる必要がないといえます。

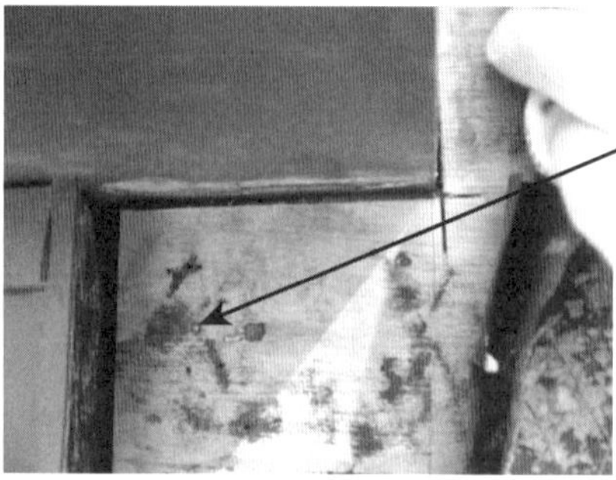
サッシのツバを合板の下に納めたために、粘着性の防水テープとアスファルトフェルトが接触しなかった。
フェルトとサッシが、一体化せずに雨水が浸入。

写真4･9　サッシまわり防水テープ未施工

雨漏りには変りありませんので、建築主にとっては重大事ですが。

木質系住宅の場合では、雨漏りが即構造体を傷めることになり、真っ黒に腐った状況を建築主が現実に見ることになると、ましてやシロアリ発生の状況をみると、大変な問題になります。したがって、木質系住宅の雨漏りはそれだけ神経質になり、何が何でも解決していかなければならない問題です。

まず、最優先の１次防水として、たとえ毛細管現象といえども水を浸入させないことが第１です。第２は、浸入してしまった水を、できるだけ素早く排出してしまうことです。

しかし第２順位の水の排出は、第１順位の水を浸入させないこととは相反する要求になるため、特別の工夫が必要になります。水を排出するには、排出口として穴をあけることが考えられます。水の浸入を阻止するには穴を開けないか、または開けてもできるだけ小さな穴が望ましいことになります。しかし、あまり小さな穴では、今度は表面張力により水が排出しないことになります。雨水を浸入させることなく、万一入った雨水を排出する特殊装置が必要です。

サッシメーカーも純正部品として、水抜き専用装置を準備しています。大袈裟に装置といっても、小さな樹脂製のどちらかといえば、「ちゃっちい」という表現がふさわしい部品です。設置する場所はサッシ上部の中央あたりですが、意匠上とくに目立って気になるものではありません。しかし純正部品といえども、相反する要求をすべての場合に完全に満たしてくれるものではありません。各種条件、つまり台風時のような強風、風の向き・大雨の量などにより、機能が発揮できない場合もあります。これらを理解したうえで設置する必要があります。これは量的には大きくなくても、壁体の通気に貢献してくれます。水を排出した後の、湿気もじょじょに解消してくれます。一つの選択肢として検討の価値のあるものです。

◈施工の注意点

サッシ取り付けの注意点として、忘れてはいけない点があります。

サッシ枠の取り付け時点で、捨てフェルトをサッシ下端にあらかじめ取り付けておくことです。サッシ下辺のツバ部分の下に、差し

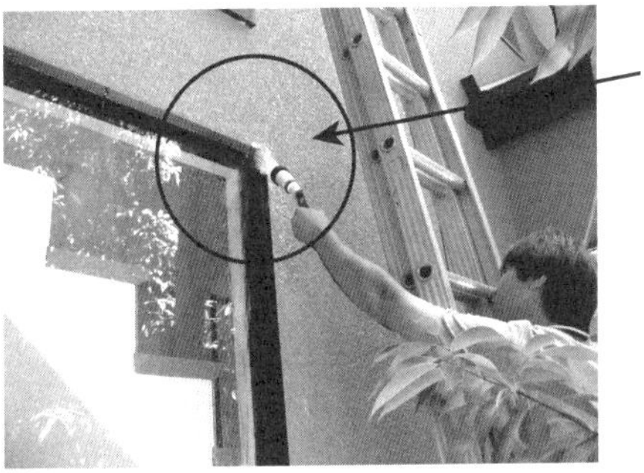

ホースで散水試験中。
ほんの小さなすき間からでも、
水は浸入します。

写真 4・10　サッシまわり散水試験

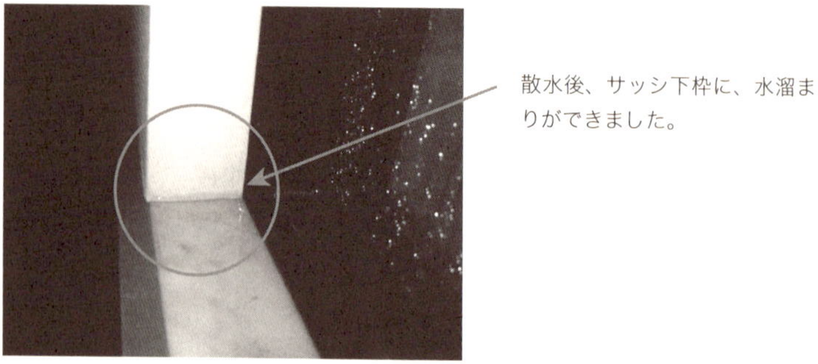

写真 4･11　サッシまわり雨漏り

込んでおきます。そして、後施工のアスファルトフェルトを張るときに、この捨てフェルトの下から差し込むのです。このように施工すれば水の流れに逆らうことはありません。これが逆になると、水を受けることになります。**写真 4･10** は、ホースで散水試験をしているところです。

その結果、**写真 4･11** のように、すぐに雨が入ってきました。散水後すぐに漏れ、サッシの下枠に水が溜まっています。

ただし、雨水の出口はサッシであったとしても、浸入口がサッシではない場合も多々あります。サッシよりも上部にある、たとえば妻換気口・破風板部分などから雨水が浸入し、結果として雨水の出口がサッシ上端であったということもあります。サッシよりも上部にある問題個所も点検する必要があります。

5 妻換気口

◈風の強い地域は要注意

切妻タイプの建物の場合に、小屋裏の換気のために、妻部分に換気口を設けます（写真4･12）。この妻換気口からの雨漏りです。風が強く横なぐりの雨、あるいは下から上へ降る？（舞い上がるという意味です）雨の場合に問題が生じます。ここで述べた下から上へ降る雨ということが、雨漏りの場合は問題になります。上から下へ降る通常の雨の場合は、ほとんど漏れません。これで漏れたら問題です。すぐに直さなければなりません。

地域により、このような強風のエリアがあります。聞くところによると、地元の人は、その場所に家を建てないそうです。雨が漏れることを知っているからです。

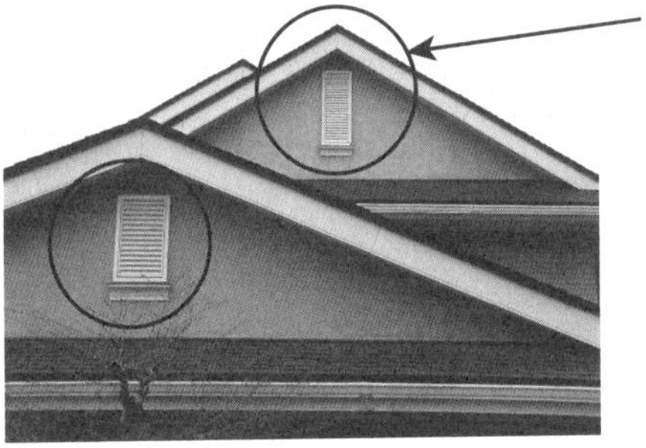

妻換気口のレジスター、外壁の色が変わっているのは手直しの跡か。
換気口下に水受け状のものが取り付けてあります。

写真 4･12　妻換気口

小屋裏が部屋になっています。窓（ジャロジーと呼ぶ）が取り付けてあり、採光と換気を兼ね備えています。
ただし、この窓は完全に閉めても強風時には雨が入りますので管理が必要です。

写真 4・13　妻換気窓

シャッターを閉めていても雪が入ってくるといいます。私も何年か前に、福井県敦賀市のある地区でこの現象を初めて見せてもらいました。驚きを通り越して感動を覚えました。「ウソだろう、こんなことが起こるのか！」どうも不謹慎な言い方になってしまいました。

神戸市北区のある地域でも強風のところがあり、どうも自分が担当する家は雨が漏れてばかりということがありました。頭にきて、屋根職人と綿密な打合せをしたことがあります。ブリキ水切りの立上がり高さを大きくし、危険な個所に全部取り付けるなど、過剰品質だがこれなら漏れないだろうという屋根職人からの提案でした。コストはかかるのですが、試行ということで実行してみたら、やはり漏れませんでした。雨漏りの手直し費用を考えたら安いものです。

ただし、屋外単品受注生産という住宅の難しさの一つですが、同じ条件の建物はありませんので、立地条件などにより、絶対とはいえません。

雨漏りは、風向き・風速・まわりの条件などにより異なります。小屋裏という高い位置の壁に穴を開けるわけですから、当然雨漏りの可能性が高まります。ここでもやはり、換気の問題と雨漏りという、相反する問題の衝突が起こります。

◈改良された設備

この種の雨漏りは残念ながら、過去から数多くの実績があります。そして数多くの改良がなされてきました。ガラリタイプのフィンを多数付けるわけですが、その向き・角度・組合せ・数・長さなどを工夫して、少しでも雨が入らないようにしています。したがって、同じ住宅会社であっても、年代により妻換気口の仕様が微妙に違います。数多くのマイナーチェンジがなされてきました。その度に雨が入りにくくなり、雨漏り面における品質がよくなりました。

ここ10数年で、どの産業でもそうでしょうが、各住宅会社の品質もお客様のうち10人に1人がクレームをつけたら、改善をしてきました。それが100人に1人がクレームをつけても改善して、それが標準仕様になってきています。現在はどうかというと、複数の人が同じクレームをつけたら、全部とはいえませんが、検討課題になっています。場合によっては改善します。

ただし、風の強さと雨量によっては、雨が絶対に入らないという部品はないと思います。条件によっては雨は入るということです。小屋裏へ昇ってみますと、雨の入った形跡が見受けられることがあります。入った量が少なく、小屋裏で乾燥したものです。このような場合は取り立てて問題ではありませんが、もっと強い風・雨の場合には、当然雨漏りという現象になります。

写真4·14では、換気口部材が錆びによって、外壁を汚しています。見苦しい状態になっていますが、このような場合には、量は別とし

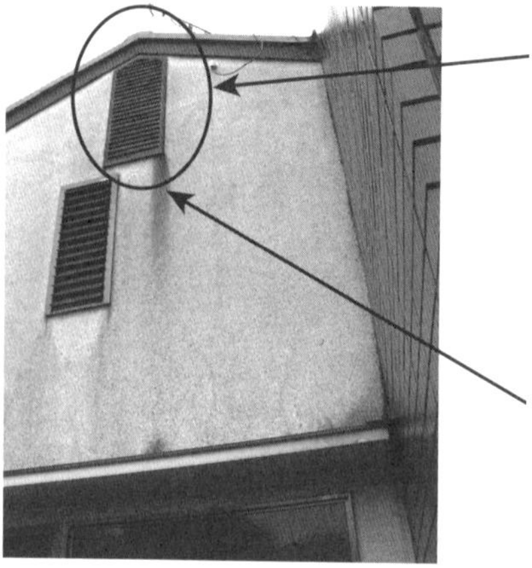
軒の出のない切妻タイプの換気レジスターです。
漏れやすい個所です。
外壁に、錆び汁が出ています

写真 4・14　妻換気口

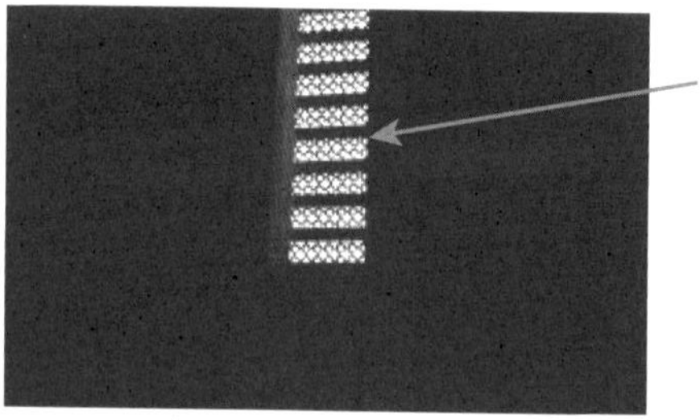
小屋裏側から見た妻換気口。
これだけ明るいのは外部から、
雨が入りやすい証拠です。

写真 4・15　妻換気口内部側

て、多少なりとも雨が入っていることになります。小屋裏内部には、雨漏り被害の形跡があったものの、被害は最小限で留まっていました。また換気口以外でも、切妻タイプで軒の出のないところですから、雨漏りしやすい部位でもあります（写真 4・15）。

切妻の換気口の雨漏りは、部位が高い位置であるがゆえに、足場を組まないと点検・修理ができません。したがって、本来の施工する時点で漏れないような配慮が必要です。

6 換気口・換気レジスターのフィン

◈換気口からの雨漏り

写真4・16は、軒の出のない切妻タイプの建物の場合に、小屋裏の換気のために、妻部分に二つの換気口を設けたものです。このタイプの換気口は妻換気のみならず、最近流行っている24時間換気の給気口（写真4・18）など、住宅では通常に使われます。外壁に穴を開けるわけですから、雨仕舞いが問題になります。

この換気口からの雨漏り事例です。風が強く横なぐりの雨、下から上へ降る雨の場合に問題が生じます。

通常は個別につくらず、換気部品メーカーの既製品を使用します。既製品の場合の方が、実績・実験データー・各種認定・保証などの点で、安心感があるのです。どうしてもデザインが気に入らないな

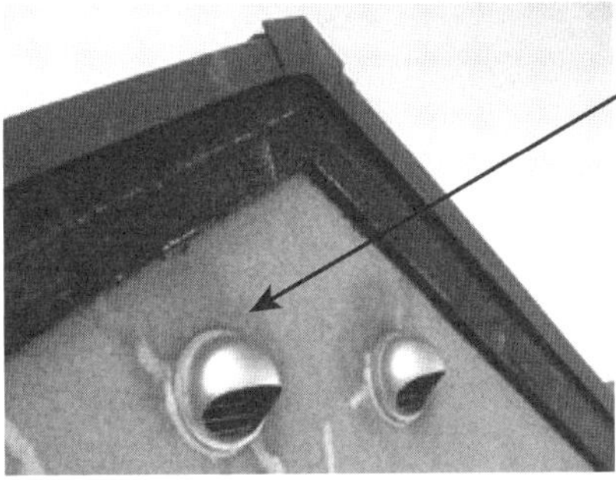

軒の出のない切妻部分です。
換気レジスターを2個取り付けましたが、過去に何回か雨漏りがしています。
過去のシーリング跡が何回分も見えます。
雨漏り原因の特定は、可能性の候補が多くあり、難しいところです。

写真4・16　妻換気口

地上約8mの位置になります。
当然、点検にもメンテナンスにも足場を架設することになります。
シーリング跡が随分と見えますが、原因の特定に困っています。

写真4・17　妻換気口手直し

24時間換気の給気口です。
計算上、1軒の家でかなりの個数を取り付けることになります。
当然、雨漏りの可能性は高まります。

写真4・18　24時間換気給気口

どの理由で、オリジナル部品を設定する場合もありますが、問題が発生した場合の換気部品メーカー側の対応など、問題点も多くあります。よほど大量に発注する大手メーカー以外は、既製品を使用した方が安心感があるようです。

◈雨が絶対に入らない設備はない

次ページの写真4・19、20のように、下から上へ舞い上がる雨の場合はストレートに入ることがあります。上から下に降る雨の場合は問題ないでしょう。住宅の場合は、たとえ台風時でも雨が入るとクレームになる場合があります。室内側からレジスターで開閉できる商品が多いのですが、換気口メーカーもしっかりと注意書きシール

強風時以外は開にしてください

を貼り付けています。逆説表現で、台風などの強風時に、建築主の責任で閉じてください。そうでないと雨水が浸入しますよ。という意味ですが、残念ながら建築主には浸透していません。相変わらず開けっ放しです。そして雨が入ってクレームです。

これが閉じて管理されておれば、雨水の浸入がゼロではないにし

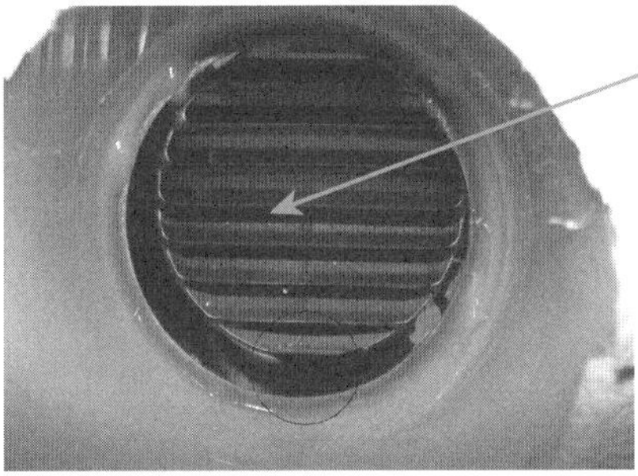

斜め下方向から見て、ガラリのフィンが逆向きで向こうが見えない。
雨の入りにくい構造です。

写真4･19　換気ガラリのフィン(1)

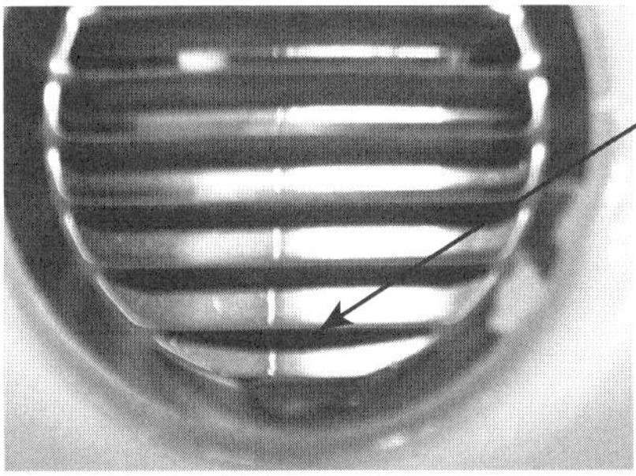

斜め下方向から見て、ガラリのフィンが順向きで向こうが丸見え。
雨の入りやすい構造です。

写真4･20　換気ガラリのフィン(2)

ても、きわめてわずかで許容範囲内だろうと思います。もっとも、それ以上の強い風であればわかりませんが。やはり、風の強さと雨量によっては、雨が絶対に入らないという部品はないということです。穴が開いている以上、条件によっては雨は入るということです。

室内側からのレジスターの開閉は、「住まいのしおり・手引き」などの呼び名の書類（住宅会社側が建物引渡し時に建築主に手渡しする書類）で示していますが、引渡しを受けるときにはおそらく上《うわ》の空でしょう。ここはやはり、工事担当者・メンテナンス担当者による後日の、落ちついたときの説明責任だと思います。注意書きが書いてあるからわかるだろうとはいかないようです。この場合も、いかなる条件であっても雨漏りのしない換気口はありません。風・雨の条件によっては雨が入ります。したがって、我々のできることは、ガラリ部分から雨が入ることを除いて、雨漏り対策を講じることになります。

◈対処の方法

このような24時間換気給気口などを設けるとなりますと、大工による加工が必要になります。取り付けるための補強桟、カット、断熱材の加工などの仕事をする必要があります。雨漏りの可能性はもとより、いく分かは断熱材にすき間もできるでしょう。断熱性能は低下します。可能ならば、このような仕事をしなくてもすむ方が性能上は良いわけです。その方法として、サッシのガラス上部にエアーブレスというレジスターを取り付ける方法があります（写真4・21）。もしも雨漏りしたところで、サッシのガラスやアルミ枠に生じる結露と同じことです。構造体には影響を及ぼしません。最近は

写真 4・21　サッシのエアーブレス

デザイン上好ましくない、安っぽいイメージ、サッシの機密性能などの問題が指摘され、高級なサッシには設定されないようで、あまり使用されなくなっています。性能面としてのエアーブレスは、なかなかのもので、しかも値段が安いのです。雨漏り対策としては、現場で壁に穴を開けて、換気口を取り付けるよりは優れています。

また、高所での手直し作業は**写真 4・17** のように足場を組む必要があります。当然そのコストも負担する必要があります。できるだけ抑えたい費用ですから、充分な足場も確保しないまま、必要最小限の足場ですませることが一般的です。したがって、新築住宅の施工現場が適正な足場を架設するのに比較して、事故も起こりやすくなってきます。

ついでに、このような場合であっても企業が重要視するコンプライアンス（法令遵守）の立場から、労働安全衛生法という法律では、「足場の組立等作業主任者」という資格が必要です。せっかく費用をかけて足場を組むのですから、外壁のひび割れなどの劣化した部分も、ついでに直しましょうということになります。

7 庇《ひさし》

◈取り付け時のポイント

窓や出入り口などの開口部の上部には、通常、庇を取り付けます。霧除け（きりよけ）と呼ぶ場合もあります。意匠上、庇を取り付けない場合もありますが、小窓を除いて、出入り口や掃き出し窓・中連窓といった、人が頭を出す開口部には、雨垂れを考えると本来は取り付けるべきものでしょう。設計者は庇を好まないようですが、入居後に、雨垂れによるクレームになる場合があります。しかし、この庇もまた、雨漏りの可能性の高い部位になります。庇の取り付けを慎重に行わないと、雨水を呼び込む結果になります。庇には若干の勾配はあるにしても、やはり水平に近い部材ですから、確実に雨水を受けます。庇の部材形状と取り付け方が問題となります。次の4点がポイントになります。

◈立上げに必要な高さがあるか

庇の奥側（外壁側）の立上げ部分に、上からアスファルトフェルトをかぶせてきます。したがって、後からでは見えない部分になります。見えない部分だからこそ、しっかりと重ね高さを確保したいものです。次ページの図 4･5 は、誇張していますが、最低 50mm 以上の重ね高さが必要です。雨漏り性能上は高いほど良いのですが、この部分はタッカー釘が打てませんから、高ければ高いほど良いわ

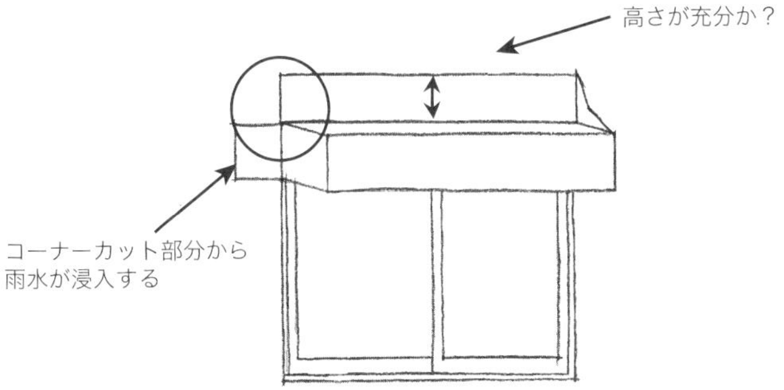
高さが充分か？
コーナーカット部分から
雨水が浸入する

図4・5　シャッターボックスコーナー部

雨漏りの原因追求で、散水試験
を行っています。

写真4・22　散水試験

けでもありません。入隅の取合いに庇がくる場合は、特に問題です。立上げが両面に必要だからです。

庇の板金部分を取り外してみますと、やはりコーナー部分が連続していません。一番肝心なコーナー部分のツバがない状態で、現場取り付けをしなければなりません（写真4・23）。この部分に防水テープを、現場の職人が無理やり張り付けることになります。穴を開けることなく防水することは難しいのです。そして、結果として雨漏りです。

庇コーナー部分の水切り加工が
不良です。
写真 4･23　庇コーナー部分

◈庇の入隅コーナーの加工が適切か？

通常の庇部材では、単に入隅部の鉄板を折り曲げただけの部材が多いのです。入隅コーナー部はカットされたままです（図 4･6）。これでは、いざというときに雨水を呼び込みます。一度雨水を呼び込みますと、そこが水の通り道になり、継続的に雨漏りします。コーナー部分は、一体になるように加工される必要があります。要は、水が滞留しても漏れない性能が必要です。雨水が庇の板金のすき間からこぼれてはいけません。

意匠上、庇を薄くして、目立たないデザインが好まれます。庇の板金立上げ部分は、外壁仕上げ材により隠れるわけですから、強度

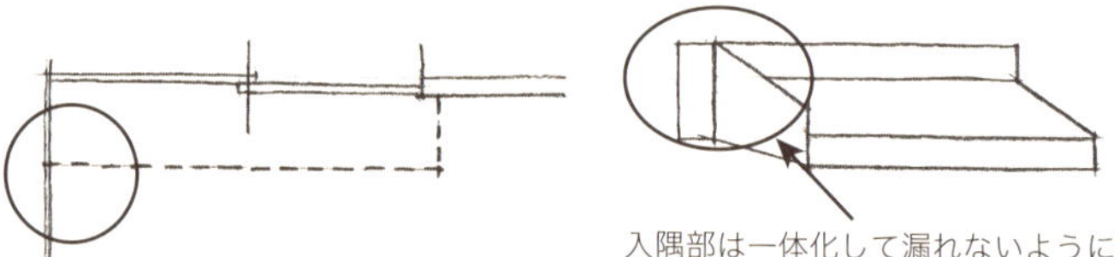
入隅部は一体化して漏れないように
図 4･6　入隅部サッシ

雨漏りのため、外壁タイルを剥がした状況。
庇のツバの上からタイル下地用合板を施工したために、庇際には防水テープがなく、フェルトのみ。
タイルと庇の取合いのシーリングのすき間からの雨漏りです。

写真 4･24　防水テープ

上・雨漏り対策上、しっかりとしたものが必要です。

◈庇部材端部は折り返しがあるか？

入隅ではない通常の壁面に、庇を取り付ける場合でも、庇部材の奥側端部を検証します。この折り返しにより、水を外部（手前）へ排出します。折り返しがない場合は、ここから雨水が排出されにくく、場合によってはアスファルトフェルト内部に水がまわる可能性があります。

◈取り付け方は防水テープを張っているか？

庇の立上げ部分に防水テープを張ってから、アスファルトフェルトを上からかぶせます。庇立上げ部分とアスファルトフェルトが一体になり、毛細管現象で水がまわらないようにします。

8 配管の外壁貫通部

◆壁にあけられた穴

各種設備の配管を外壁に貫通させるために、穴をあけます。給水・給湯・ガス・空調・電気・電話などを外壁に貫通させますが、たとえ径が細くても、穴を開ける行為そのものは、開口部と同じです。当然何もない外壁よりは、雨漏りしやすくなります。

スリーブ管をあらかじめ計画する場合や、外壁完成後に穴を開ける場合もあります。いずれにしても、ただ単にパイプが貫通しているだけでは、うまく防水できません。ツバ管（ツバの付いたスリーブ管）を入れますと、きっちりと防水テープで施工可能ですが、通常のサッシまわりに使用するような防水テープではうまく曲がりません。パイプの周囲をうまく防水できません。防水テープを短くカットして、少しずつ重ねながら張ることになります。パイプ状にう

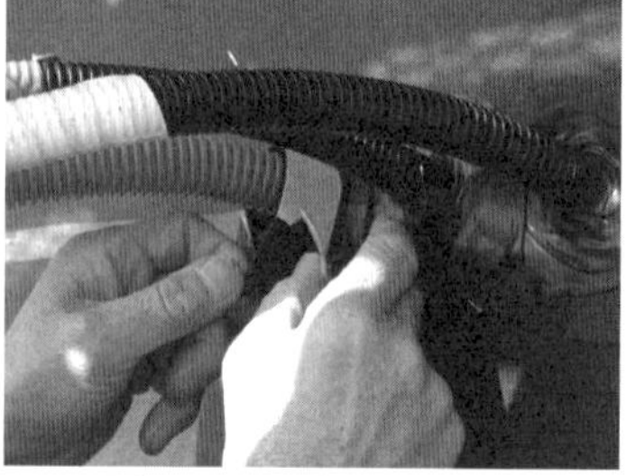
写真 4・25　配管の防水施工

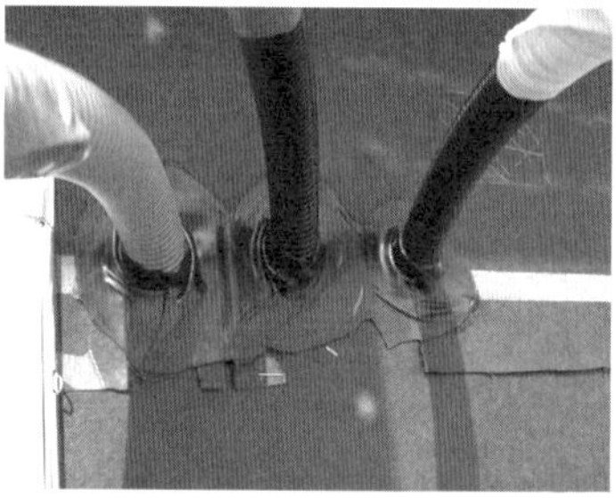
写真 4・26　配管の防水完成

まく巻くことができません。

したがって、最近のものですが、写真4・25、26のような部品をご紹介します。要するにパイプ状に巻くことのできる伸縮可能防水テープのことです。

◈防水テープの新製品を使う

この施工法では、スリーブ管であれば特にツバ部分がなくても施工可能です。この伸縮可能防水テープをL字型に曲げることにより防水可能です。スリーブ管と実管（給水・給湯・排水・ガス管など）とのすき間は、シーリングにせざるを得ません。屋根でも外壁でも仕上げ材に、たとえ小さくても穴を開ける場合には、雨漏り対策としての何らかの配慮が必要です。逆に表現すれば、穴が開いていないところは通常の施工で雨漏りはしませんから、それほどの配慮は不要ということです。漏れる部位だけを、集中的に漏れないように施工します。漏れる部位は、事前にかなりの確立で想定できます。過去の雨漏り事例からの経験を、財産として生かすべきです。

いずれにしてもこの方法で、配管まわりの防水はほぼ完璧ですから参考にしてください。冬場の接着性が少し悪いようですが、なかなかの優れものだと思います。

9 化粧胴差・化粧軒桁

◈水切りの重要性

ハーフティンバーと呼ばれる、柱・軒桁・胴差・筋違いなどの構造部材を化粧として見せたものです（写真4･27）。ただし、通常は構造体そのものを現すのではなく、木製の化粧部材として、別に外部に見せるための材料を取り付けただけの場合が一般的です。

化粧部材を付加するだけならば良いのですが、雨漏りの観点からは、この取合い部分が問題となります。水平の材料（化粧胴差・化粧軒桁・化粧土台・化粧梁・化粧火打ち）が、外部に露出する場合はなおさらです。すべて水を受けることになります。ここから雨漏りの可能性があります。本来は、化粧部材の上部にブリキ製の水切りを取り付ける必要がありますが、デザイン上またはコスト上、水切りを省略する場合もあります。その場合は、シーリング材のみで

水平化粧部材（斜材含む）の上部では雨水を受けます。水切りがないと危険です。

写真4･27　外部露出の化粧材料

防水することになります。雨・紫外線のあたる状態では、5～10年前後でシーリング材料は劣化します。シーリング材料の寿命とともに、問題が生じてきます（図4·7）。

化粧柱などの垂直部材の場合は、水を受けるわけではありませんので、水平部材に比較して問題は少ないのです。しかし、左官材料と木材料の取合いなどは、シーリング材で調整しても、材料の収縮

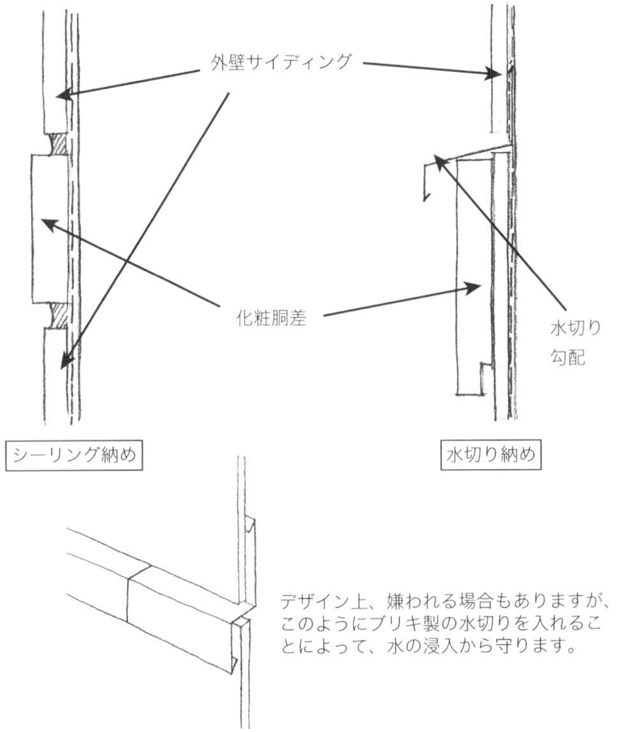
外壁サイディング
化粧胴差
水切り
勾配
シーリング納め
水切り納め
デザイン上、嫌われる場合もありますが、
このようにブリキ製の水切りを入れるこ
とによって、水の浸入から守ります。

図4·7　水切り納め

率が違い、時間の経過とともに、「散り切れ」と呼ばれるすき間が生じます。外部のすき間は、雨漏りの原因になります。

◈メンテナンス費用も考慮してデザインを

雨漏りの観点からは、このような特別の機能を持たない、化粧部材を外部に露出することは、原則避けた方が無難です。こだわりのデザインであればよいのですが、建築主に特別のこだわりがなければ避けた方が良いという意味です。

この化粧材料は、木製の場合と窯業系の場合があります。雨の多い日本の気候で、木製の部材を外部に露出させると、通常以上のメンテナンス費用が発生します。木部が腐食しないように、数年ごとにペンキ塗装が必要です。アメリカ人はよくペンキ塗装をして自らメンテナンスを行いますが、日本人が自らペンキ塗装する場合はあまり見ません。職人に依頼する場合が多いようです。国民性・文化の違いがあります。これらのメンテナンス費用を含めて判断する必要があります。塗装費用以外に仮設足場費用も必要となりますので、相当の金額になります。

しかも木製材料の場合はヤニが出る場合、反る場合、収縮によるすき間が発生する場合などの問題も考えなければなりません。木製材料を外部に露出させる場合は、材料の選択（一般に価格の高い材料になります）から覚悟が必要です。

自宅の場合、新築のころはよいのですが、メンテナンス費用は、つい１年延ばしになる可能性があります。教育費用・介護費用その他出費が重なる年代では、特にそのようになる可能性があります。

◈保護の必要性

たとえば、下部をタイル仕上げ、上部をサイディング。または同じサイディングでも柄が違うなど、上下で違う材料を取り付ける場合は、突き付けることなく、見切り材として、別の窯業系化粧材を入れざるを得ません。

窯業系材料では、木製材料と違って頻繁に塗装をすることはありませんが、雨漏り対策は必要となりますから、これも化粧胴差と同じく、水切り納めになります。漏りやすい個所ですが、適切に仕事

下階の一部にタイル張り。
タイルよりもさらに出をとる見切り材をいれるので、水を受けます。

化粧胴差。
水を受けるので、上部の水仕舞いが問題。

写真 4・28　化粧胴差(1)

外壁下部の石と上部の左官＋吹き付け仕上げの取合いに、化粧の見切り材が入っています。
見切り材の上部には水切りではなく、シーリング施工の上、吹き付け仕上げがしてあります。

写真 4・29　化粧胴差(2)

化粧胴差の上部には、水切りが施工されています。デザイン上はない方が好まれますが、雨漏り対策としては必要です。

写真 4·30　化粧胴差(3)

化粧軒桁·化粧胴差ともに、水切りなしでシーリング納めです。

写真 4·31　化粧胴差と化粧桁（水切りなし）

をすれば漏りません。

雨漏りの観点からは、水平方向の化粧材には、水切り材を入れて保護する必要があります。シーリング材だけで納めると、シーリング材の劣化により、将来に問題が生じることになります。ただし、垂直方向の化粧材については両サイドをシーリング納めにすることになります。

水切り材ですが、決まった長さになっています。当然、継ぎ手ができます。ただ継いだだけでは水が横方向に流れ浸入しますので、

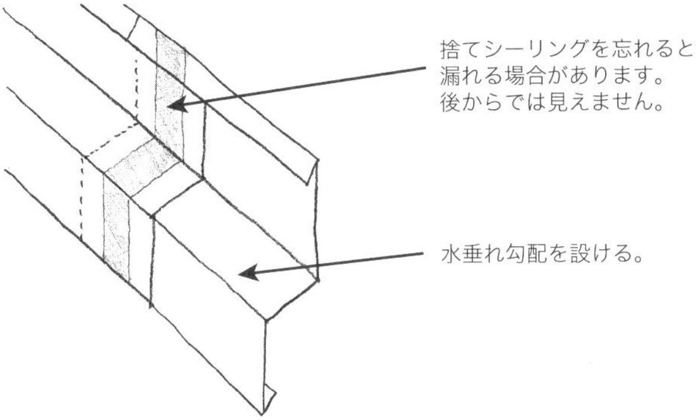

図 4·8　水切り継ぎ手の捨てシーリング

継目内部にシーリングを施工する（捨てシーリング）必要があります。

10 アール屋根・アール壁

◈雨漏りしやすいデザイン

写真 4・32、33 は高級住宅街にある現場です。丸い屋根と丸い壁が取り合う現場の写真です。丸を R（アール）と呼びます。丸と丸を接続させるのは、きわめて困難な仕事になります。そして本体～下屋の取合いの個所であり、おそらく現場泣かせの設計だったと想

アール壁にアール屋根の接続部分ですが、仕事が非常に困難です。
仕事が困難ということは、雨漏りの危険性が高いということです。

写真 4・32　アール屋根・アール壁(1)

現場で苦労する仕事は可能ならば避けた方が無難です。

写真 4・33　アール屋根・アール壁(2)

像されます。

これで雨が漏れなければ、大したものだと思います。高級住宅街で相当のコストをかけて、一流の設計、一流の施工店、一流の現場監督、一流の職人が時間をかけて仕事をすれば、可能なのでしょう。通常は、採用しないほうが無難なことは言うまでもありません。雨漏りしやすいことに変りありません。

また、屋根・壁ともに、アールを施工するには大変なコストがかかります。こだわりのデザインでなければ、採用しない方がコストダウンになります。

◈現場が迷わないものを

写真4･34は、アール屋根にパラペット部分が接続しています。アール屋根に壁が差し込まれた状態になっています。屋根からさらに壁が立ち上がる場合は、防水の処理は非常に困難です。このようなデザインの屋根も、通常は採用しない方が無難です。建築主がどうしても希望するデザインならば仕方ありませんが、設計者の好みで設計されるとしたならば、よく検討すべきです。問題がないかど

ここが注意です。
アール屋根とパラペットの取合いです。

写真4･34　アール屋根･パラペット

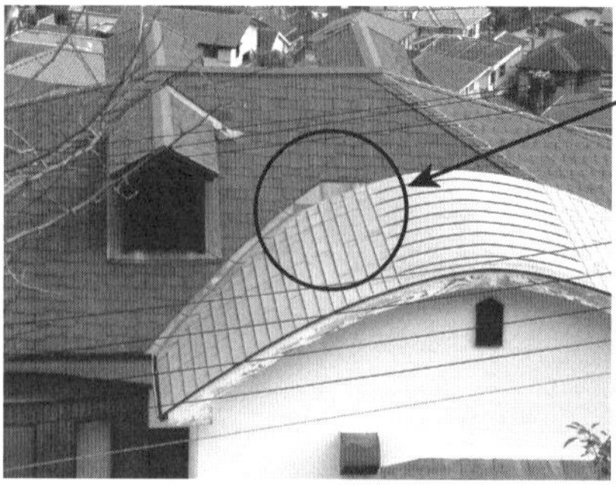

アール屋根と通常の屋根の組み合わせ例です。
谷の状態に至り雨漏りの危険性の高いところです。

写真 4･35　アール屋根取合い

うかを設計担当者に質問しても、大丈夫という回答になるのは想像できます。施工担当者、メンテナンス担当者、屋根職人等に建前ではなく本音を聞くことができたとしたら、このデザインの屋根をおすすめすることはないと思います。それだけ施工が難しく、職人として通常の仕事以上に力をいれます。必ず雨漏りがするわけではありませんが、将来に雨漏り問題を起こす可能性が高いからです。

難しい施工の場合、現場で施工する職人が悩むことになります。また相談された現場監督も悩むことになります。仕事の納め方と仕事のレベルが問題となります。悩まなければ納まらない仕事は、特に建築主がこだわるデザインでなければ、採用すべきか検討する必要があります。悩まなくとも納まる仕事は、コストが安くなり、雨漏りの可能性が低くなります。

一言で言えば、現場で職人が悩まなくとも納まる仕事が、雨漏りにはよいということです。

写真 4･36 でおわかりのように、アール部分の施工は最も肝心な水切りの加工も、少しずつカットしながらの無理な施工となります。

土台水切りですが、アールの仕事は板金屋も大変です。
うまく施工できないので、少しずつカットして無理やり丸く施工します。
捨てシーリングを施工しながら連続していきます。

写真 4･36　アール壁の土台水切り加工

アール壁と円錐状の屋根です。
アールとの取合いは、かなり手間のかかる仕事ということになります。

写真 4･37　円錐アール屋根･アール壁

当然、防水工事として困難になります。この場合も、水切りの継ぎ手部分は数が多いのですが、すべて捨てシーリングを施工しておく必要があります。

第5章
雨漏りの事例
〈バルコニー編〉

1 バルコニー手すり壁の笠木

◈雨漏りの危険部位だったバルコニー

バルコニー（ベランダ）の笠木からも、よく雨漏りが生じます。多くの雨漏り事例があります。昔は、バルコニーを1階の部屋の上に設計することは、住宅会社によっては禁止されていました。1階の建物本体から外へ突き出した形で設計していました。もし雨が漏れても外部に漏れるだけで、部屋のなかには影響を及ぼさないための配慮からでした。ということは、バルコニーの雨漏りの危険性を認識したうえでの措置だったのでしょう。これは昔の話です。今はFRP防水・鋼板防水を防水メーカーの責任施工、10年保証のうえで施工するようになりました。防水性能も上ってきましたから、1階の部屋の上にバルコニーを設計するようになってきました。しかし、雨漏りは減ったかもしれませんが、なくなったわけではありません。居室側に影響を及ぼす雨漏りは、逆に増えているはずです。

◈笠木部分の雨漏り

写真5･1は、バルコニー笠木のジョイント部分の排水処理が悪く、雨漏りがしました。建物に影響を及ぼすことなく、雨水を流して排出しなければなりません。笠木ジョイント部分から浸入した雨水が、その下部にある捨て水切りの返し加工（排水のための加工）が悪かったため、黒い防水紙のアスファルトフェルトに入っていったので

バルコニーの笠木のブリキを剥がしてみました。
雨水の浸入した跡がついていました。

写真 5･1　バルコニー笠木を外す

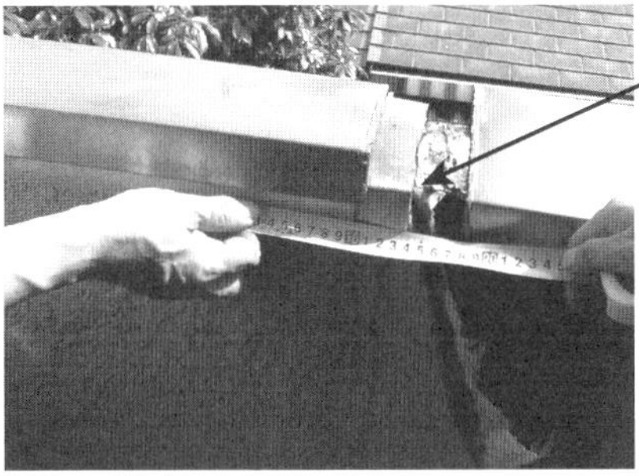

笠木ジョイント部分から浸入した雨水がその下部にある捨て水切りの返し加工が悪かったため、雨漏りしました。

写真 5･2　バルコニー笠木継ぎ手

す（写真 5･2）。そのアスファルトフェルトのすき間から、構造体に水がまわり腐っていました。その腐った木部を観察しますと、シロアリが繁殖していました。雨漏りからシロアリ繁殖の最悪のパターンとなっていました。

この事例は、バブルのころに高級建売住宅として計画され、竣工しました。建設費用だけで 1 億円を超える豪邸でした。そしてバブル崩壊による値下がりに対応できずに放置され、結局売れ残り物件となりました。この個所だけでなく、いろいろな個所からの雨漏りもあり、適切な管理もされずに、結論としては、新築後 10 年間、誰も住むことなく、空家のまま、そして解体撤去されました。

リフォームできる状態を超えて傷んでいました。竣工⇒雨漏り⇒シロアリの繁殖⇒解体撤去という、悲しい現実でした。

◈入った水をいかに出すか

構造体が木造ですから、いったん入った雨は早期に排出できないと、大変なことになります。昔の家と違って、気密性・断熱性が上っており、水が出にくい構造になっています。

原則としては、水を入れないことです。しかし完全に水を入れな

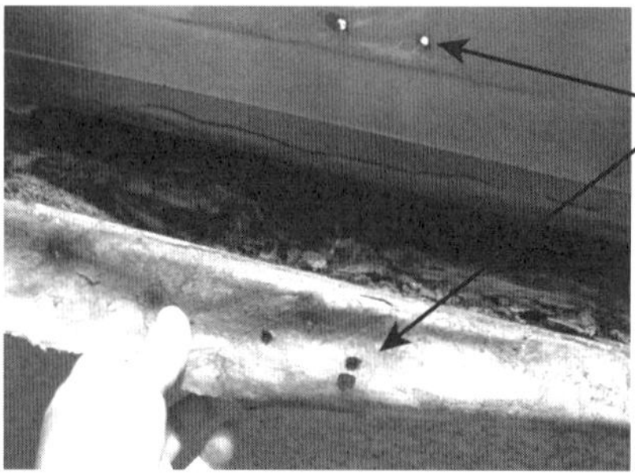

笠木に手すりを取り付けるために、上部から脳天釘打ちという方法で打ち付けました。その穴からも雨水が浸入しています。雨漏りを考えずに、上から釘を打つという暴挙でした。

写真 5･3　バルコニー笠木取付け方

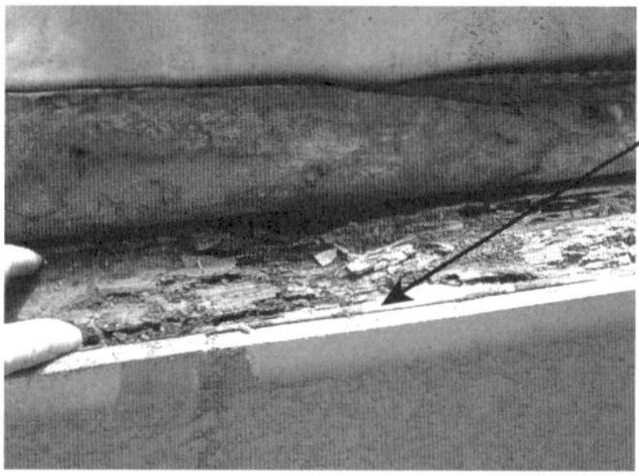

透湿防水紙を剥がしてみると、やはり大量の雨水が浸入しています。
そしてシロアリの被害です。

写真 5･4　バルコニー笠木下防水紙

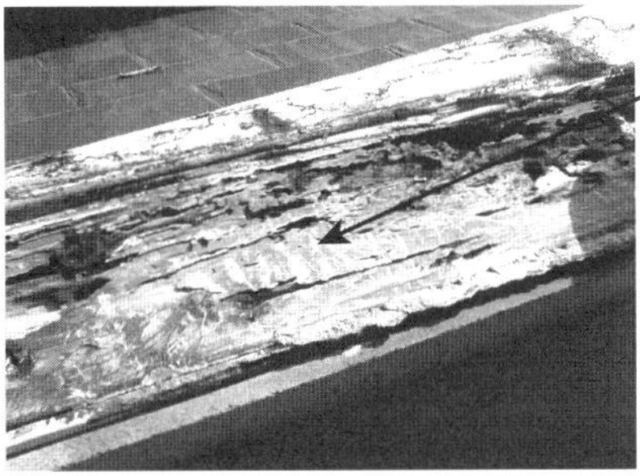
雨漏りという水の供給がある場合、シロアリの被害は想像以上にすごいものがあります。

写真5・5　バルコニーのシロアリ被害

いということは、やはり困難なことです。雨の量・時間・風速・風向きなどの条件によっては、水が入る前提で考えなければなりません。もし水が入ったならば、入った水を速やかに排出することです。水を溜めておいて、自然乾燥を待つことはできません。

バルコニー手すり壁の状況ですが、換気がなく、常時湿度の高い状態ですから、木構造の場合は被害の進行がきわめて早いのです。シロアリに徹底的に食い尽くされた木部の残骸は、当然、強度はありません。よくバルコニーの重量を支えているものだと思います。もっとも水分の供給がなければ、つまり雨漏りがなければ、ここまでひどくなることはありません。

雨漏りの原因調査・手直しは、決して簡単ではありません。ここだろうと想定して、自信を持って対処しても、後日別の個所から再び漏れたことは、恥ずかしい話ですが数多くあります。1個所だけでなく、複数の原因で漏れることが多くあります。

かなりの経験を積んだ技術屋でも、やはり難しいものです。そして雨漏り調査は、かなり徹底して想定範囲以上に外壁材などを撤去することがポイントです。ついけちって、なるべく小範囲に留めようとする意識が働いてしまいがちです。しかし結局、雨漏りの再発などにより、さらに被害を大きくしてしまい、うまくいかない場合が多いようです。さらに問題個所が見つかる場合が多くあります。

いずれにしても、建築主側・施工者側ともに、コストもストレスも相当なものになります。やはり施工時点で、雨漏り撲滅を図らないと大変な目にあいます。

2 バルコニー笠木〜本体のCSガード

◈バルコニー設置に役立つ役物

木質系住宅にも、バルコニーを取り付けることが増えています。バルコニーがなければ雨漏りしないにもかかわらず、バルコニーを取り付けたばっかりに雨漏りする場合が多くあります。それだけバルコニーを取り付ける場合には問題が生じる可能性が増え、注意が必要です。もし、バルコニーを使用する目的が明確でなければ、最初から設計しない方が無難ともいえます。どうせ洗濯物・布団干しにしか使用されないものならば、そう考えてしまいます。どうもロマンのない方向に話がいってしまいました。

しかし、現実にバルコニーを取り付ける場合が多いのも事実ですから、プロとして何らかの対策を考える必要があります。そして対策を製品にしました。

それがこの「CSガード」と命名した特別製のものです。意味はCorner-Safety-Guardということで、入隅部を雨漏りから守るもので

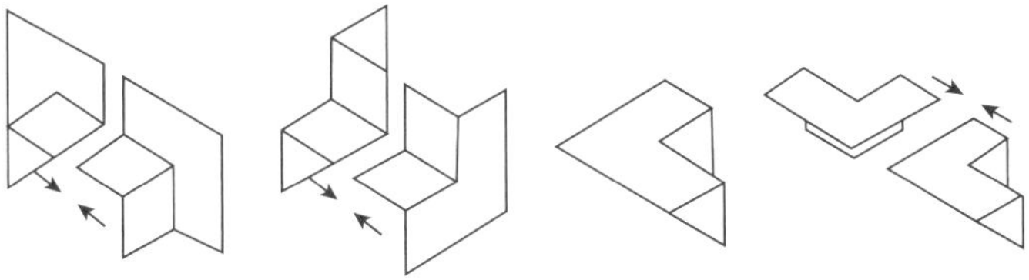

図5・1　CSガード(1)

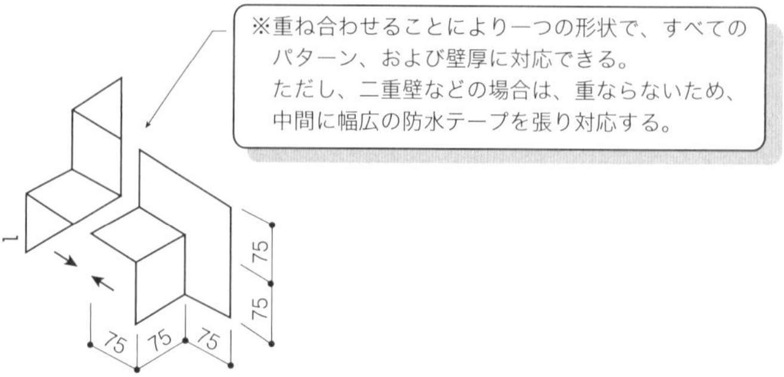
※重ね合わせることにより一つの形状で、すべてのパターン、および壁厚に対応できる。
ただし、二重壁などの場合は、重ならないため、中間に幅広の防水テープを張り対応する。
1
75
75
75
75
75

図5·2　CSガード(2)

す。バルコニー壁手すりの笠木〜建物本体壁の取合い部などに使用する樹脂製の役物です。雨漏りの防止対策と同時にCS（顧客満足Customer Satisfaction）の願いを込めています。

◈ CSガードとは

このCSガードがなければ、アスファルトフェルトだけで防水をしなければなりません。このような、バルコニー壁手すりの笠木〜建物本体壁の取合い部など、コーナー部ができる部位では、アスファルトフェルトだけでは覆いつくせないのです。現場では必ず、アスファルトフェルトをカット加工して張ります。入隅といいますが、このようなコーナー部では、職人はカッターナイフでカットします。しかしこれでは穴を開けた状態をつくってしまっています。せっかくの防水に、ピンホールを開けたことになります。防水に穴を開ける必要のないものを考案する必要があります。結局、樹脂で作成しました。このような役物を、アスファルトフェルトを張る時点で設置すると、穴を開ける必要がありません。当然、この部位からは雨漏りしません。

ただし、施工の順番は大切です。水の流れる方向です。CSガードとアスファルトフェルトのどちらを上にするかを考えながら施工する必要があります。逆に施工しますと、せっかく遮断した水が再び、アスファルトフェルトのなかへ浸入することになります。かえって水を呼び込む結果になってしまいます。適正に施工してはじめて効果が期待できます。

壁部分　：CSガードが奥、フェルトが手前

笠木部分：CSガードが上、フェルトが下

写真5·6～9のようにCSガードを上下左右に組み合わせると、入

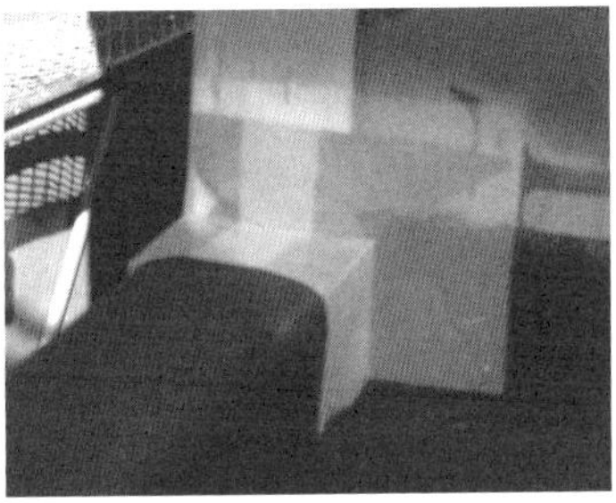

写真5·6　CSガード(1)

写真5·7　CSガード(2)

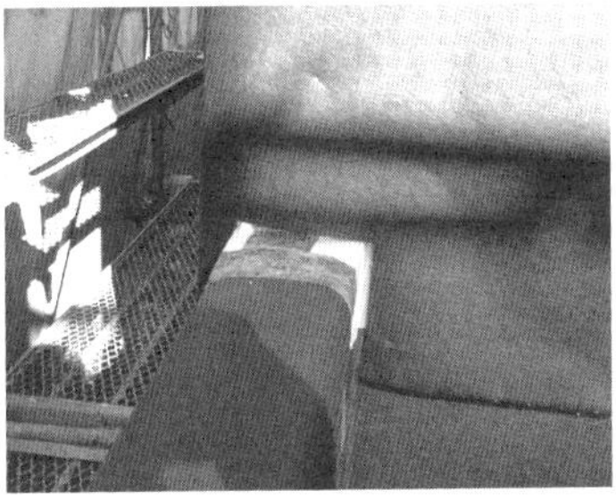

写真5·8　CSガード(3)

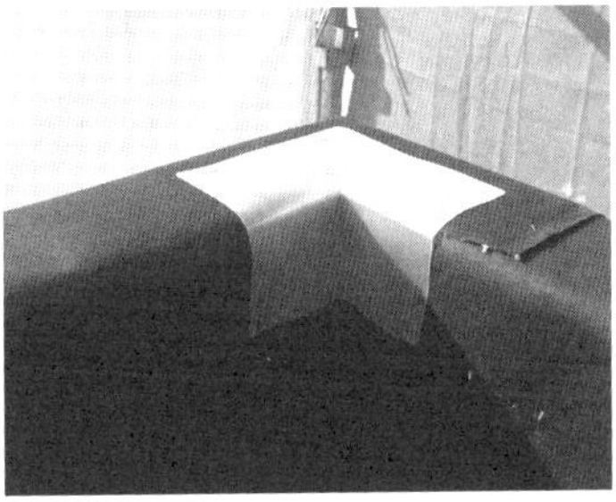

写真5·9　CSガードコーナー部

隅・出隅など、かなりの部位に対応できます。雨漏りの可能性の高いコーナー部などには、CS ガードのような役物がないと、きっちりとした防水ができません。

CS ガードを施工するようになってからは、この部位からの雨漏りは大幅に減少しています（図 5･3）。

ただし、アスファルトフェルトとの施工の順番（上下）を考えて、適切な使用が必要です。この順番が逆になりますと、水を呼び込み

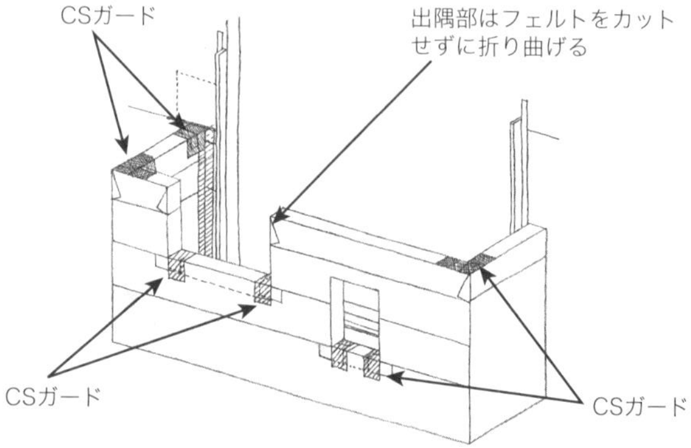

図 5･3　バルコニー部の CS ガード

バルコニー手すり壁に、段（切り込みスリット）をつける場合や風通し穴を開ける場合は要注意です。

写真 5･10　バルコニー手すり壁の穴

ますから注意してください。

写真5･10は、バルコニー手すり壁に多数の風通し穴を開けていますが、開口部のコーナー下部は要注意です。バルコニー手すり壁に切り込みスリットを入れる場合も同様です。開口部の下部は、非常に雨水の浸入しやすいところです。1個所穴を開けると、内外両サイドの合計四つのCSガードが必要となります。これだけ施工しないと、雨漏りになります。数個所の穴を開ける場合は、その倍数が必要になります。

バルコニーが外部に飛び出る場合は、まだ被害が少ないのですが、バルコニーの下階に居室がある場合、バルコニー手すり壁にこのようなスリットがあると、よほど気をつける必要があります。直接、室内への漏水になります。

3 バルコニーサッシ先行・防水後工法

◆サッシ下端からの漏水

バルコニーの掃き出しサッシ下端からも、よく雨漏りが起こります。バルコニーで最も雨漏りしやすい個所は、掃き出しサッシの下端だと指摘する専門家も多いのです。

バルコニーが取り付くだけで、随分とチェック項目が増えてきます。それだけ問題個所ということになります。

通常バルコニーの床は、室内の床よりも下がっている必要があります。これが同じ面、あるいは逆にバルコニーの床の方が上がっている場合は、漏水の危険性が高まります。

構造上、バルコニー床面と室内床面が同じ高さということはよくあることです。その方が構造的に組みやすいのです。そしてバルコニーの床下地施工として、構造体の上に根太や床パネルを設置し、さらに厚み 12mm 合板の 2 重張り、もしくは 12mm 合板 +12mm 不燃板の上に FRP 防水・アスファルト防水・鉄板防水などの施工を行いますと、室内側の床面よりも上がってくる場合があります。水は高い方から低い方に流れますから、この場合は、防水に異常が発生しますと室内側に漏水の可能性があります。

サッシ下端の、立ち上げ寸法を確保する必要があります。最低 120mm 以上、できれば 150mm は欲しいところです。この寸法が小さいほど、防水施工が難しくなります。職人が、頭をバルコニー土間床に付けて手を差し込んで施工するわけですから、その寸法よりも小さくなれば、勘に頼る施工にならざるを得なくなります。しかしこれは、掃き出しサッシの設置を上部へ上げていくと可能です。欄間部分が小さくなり、内法高さ（窓上の高さを揃えるときれいにみえます）が揃わなくなります。そして掃き出しではなくなり、跨ぐことになります。バリアフリー、その後のユニバーサルデザインが普及してから、室内では原則的に段差がなし、敷居のところでも3mm以内になっています。居室からバルコニーへの出入り口の段差を、極力小さくしたいわけです。結構この跨ぐということは、設計者に嫌われる場合が多いようです。しかし、その結果、掃き出しサッシ下端の防水工事がうまくいかなくなり、雨漏りを起こします。雨漏りという観点からは、バルコニー部分の掃き出しサッシはなるべく高い方がよいのです。跨ぐ方が性能としては上です。使用するには当然低い方がよいのは言うまでもありません。

雨漏りを考慮した施工の順番は、防水工事⇒サッシ取り付け工事が妥当です。水の流れの、ルール通りの施工になります。

◈シーリングを使った施工の要点

ここで問題点が発生します。後付けサッシの場合は、サッシ下端のツバ部分から建物本体側に、サッシ取り付け用の釘を打ち付けます。防水工事の後から、その防水面に釘を打つことになります。防水に穴を開けることになります。これに対する解決法は、捨てシーリングをサッシのツバの裏部分にたっぷりと塗り付け、サッシを取り付けるときに押し出し、あふれたシーリングを取り除きます。見た目は三角シーリングのように見えます。これで、サッシを固定する釘のシール性能を高めるものです。いちいち現場で立ち会うことはできませんから、このように後でチェックしにくいところでは、事前に念押しが必要です。三角シーリング状態が見えれば、きっちりと施工できていると判断しなければなりませんから。しかし三角シーリングだけでは、長期にわたる防水効果は期待できません。シーリング材だけに期待する防水効果はダメです。この点は住宅の現場に携わるプロとして、充分に注意する必要があります。

上記のような問題もあり、逆に、サッシ先行取り付け、防水後施工工法をとる場合があります。

確かに、後から防水に穴を開ける釘を打つことはありません。サッシ取り付けを先行することにより、大工さんは先に外部仕舞いを完了することができます。バルコニー部分のサッシ取り付けだけを、手待ちになることがありません。サッシ取り付けが完了すれば、現場では一応雨が入らない状態になり、フロアー張りなど、次の工程に進みやすいわけです。次の材料も現場に入れやすい状態になります。施工性から考えると、こちらの方が良いようです。しかし、FRP 防水はアルミニウムサッシとの接着力が弱く、プライマーを塗るなどの下地処理をする必要があります。

ただクリアーできないのが、防水性能の面です。施工手順が逆になることです。本来は下から上の順に施工します。水の流れに沿っています。この場合は、防水⇒サッシ取り付けです。サッシ下端の釘打ち部分を除いて、防水性能上・雨漏り対策上は、防水先行サッシ後付け工法に軍配が上がります。

4 バルコニー手すり

◈釘穴から雨漏り

この事例は、入居12年のバルコニー手すり部分からの雨漏りです。

バルコニーの笠木の上に取り付ける、手すりの固定方法が問題です。笠木板金の上から脳天釘打ちで手すりを固定し、その上からシーリング処理を行っています（写真5･11、12）。

笠木の上から手すりの固定のために、上部から脳天釘打ちするということは、笠木の板金防水に穴を開けることになり、釘打ちに伴

写真5･11　バルコニー手すり

写真5･12　手すりを外す

い、板金部分がバリ状に下がり、雨水を呼込むことになります。その上からシーリング施工しても、耐用年数からいって、いつまでも持つものではありません。シーリングの耐久性は雨や紫外線のあたる条件により、5～10年程度と言われています。しかもこれは、適切にシーリング施工を行った場合の話です。しかるべき目地の幅・深さを確保できない今回のような場合は、はるかに短い期間で不具合が生じます。このようなシーリングは、三角シーリングと言われ、本来のシーリングの性能を発揮することはありません。

このような個所は、定期的・継続的に点検およびメンテナンスが必要になります。ただし点検といっても、通常は目視点検しかできない状態であり、本格的にシーリングを剥がして点検・調査することは通常ありません。

シーリングのみに期待した、防水対策の施工は危険ということです。当然、釘穴部分からじょじょに浸入した雨水が悪さをします。

構造体が木造ですから、いったん入った雨は早期に排出できないと、大変なことになります。昔の家と違って、サッシ・石膏ボード・断熱材の使用により気密性・断熱性が上っており、水が出にくい構造になっています。

◈納め方

図5・4では、笠木の板金を固定する際、笠木の上部から脳天釘打ちにすることなく、二重にしています。①受け金物を施工して、②笠木を施工するというように二重になっています。写真5・13、14は、手すりを受金物に対して取り付けています。万一、水が入っても受金物のところから排出します。このように納めれば、この個所

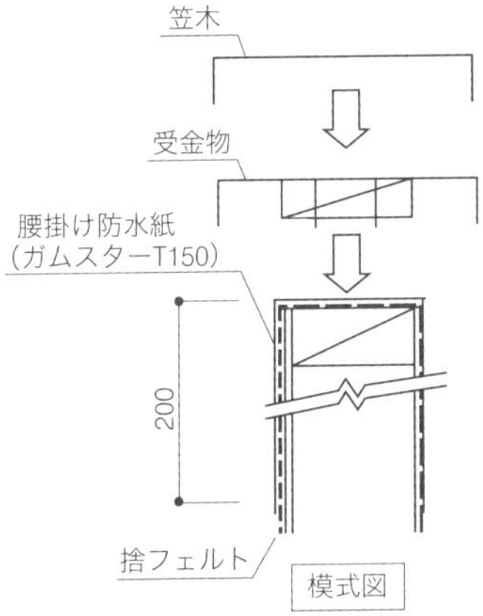

図5・4　バルコニー手すり笠木

写真5・13　バルコニー手すり

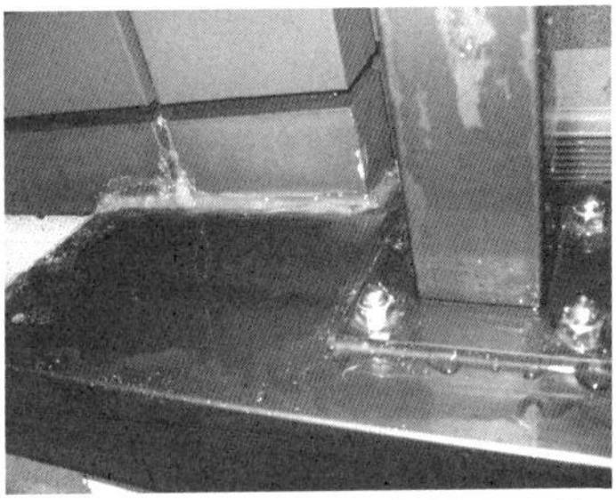

写真5・14　バルコニー手すりシーリング

の雨漏りはなくなります。

また、バルコニーの手すりではありませんが、次の**写真5・15**のようなデザインをした開口を開ける場合があります。この場合も、同じ内容で、下地の構造体がコンクリートなら問題ありませんが、木造の場合で無理にデザインをする場合もあります。格好はよいのですが、これも水を受けることになります。その上、ステンレス製の格子状のデザイン金物を取り付けています。この金物の取り付けも、同じ問題が生じます。金物と仕上げのレンガタイルの取合いから、雨水が浸入します。一度ついた水の道はずっと残ります。将来に渡って、水がわずかずつでも入り続けることになります。このようなデザインがある場合は、下地の防水状況の確認が重要です。この場合はアールと呼びますが、丸くなっています。丸いものに防水紙をきっちりと張ることは難しいのです。試しに折り紙のように当ててみるとわかります。カットしない限り、きっちりとした防水紙の張り方はできにくい状態がわかると思います。カットしたならば、防水の意味がありません。

アールをデザインする場合は、雨漏りの観点から特に要注意です。もしもどうしてもアールにしなければならない必然性を見出せないならば、中止するのも一つの選択肢です。

アールのデザインは、基本的にコスト高と雨漏りの可能性アップを招きます。この点を考えて採用しましょう。そして採用する場合は、施工面でそれなりの注意が必要です。そして、金物の取り付け

アール開口部の下端の防水処理。手すり金物の取り付けが注意点です。

写真 5・15　アール開口部処理

方にも要注意です。支持金具を横面に固定するのはかまいませんが、上から下面に対して固定するには、シーリング材に防水を期待することになり、無理があります。長期間経過後はトラブルになります。

5 バルコニー壁際サッシ

◈狭いすき間

写真 5･16 の事例は、バルコニーの袖壁〜サッシ方立（縦枠）のすき間がない場合です。サッシの横に壁がくる場合は通常の取り付け方でよいのですが、今回のようにサッシ際にすぐに直角方向に袖壁がある場合は要注意です。入隅部のサッシということになります。

サッシの取り付けが、バルコニー袖壁と干渉してうまく防水ができません。防水テープやアスファルトフェルトの施工が、うまくできません。結局のところ、シーリング工事に頼った防水になります。シーリング工事に頼った防水は、今は雨漏りしないかもしれませんが、シーリング材料の耐久性から、将来の保証は心細いものがあり、いずれ雨水は浸入してきます。このような場合はきっちりとした施

入隅部の掃出しサッシです。笠木のブリキとアルミサッシが緩衝しそうです。職人の手が入らないので、仕事は困難になります。笠木板金の金属がアルミでなければ、サッシと接触させると、電食が生じます。

写真 5･16　バルコニー壁際サッシ(1)

工ができません。可能ならば、サッシの横に 20cm 以上の壁があればよいのですが、平面プランによっては仕方ありません。

しかし、雨が漏れる個所を、防水がうまくできないといって放っておくわけにはいきませんので、このような部位は慎重に工事しなければなりません。また、サッシの下端とバルコニーの床面との距離も短すぎます（写真 5・19）。もっとも FRP 防水の上に化粧の防火

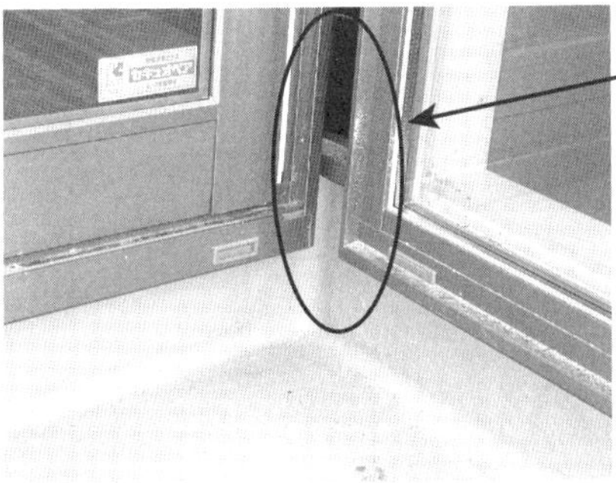

直角方向に二つのサッシが取り付く場合は要注意です。
サッシの出幅が両方向からきますので、壁部分の仕事ができず、不充分な仕事となりがちです。
フェルト、サイディング、シーリングのすべての職人が苦労することになります。

写真 5・17　バルコニー壁際サッシ(2)

サッシと直角方向のバルコニー壁手すりが緩衝しています。防水の施工が不充分になりやすい個所です。
サッシ際はシーリングに頼る防水になります。

写真 5・18　バルコニー壁際サッシ(3)

掃出しサッシ枠とバルコニー壁手すりとバルコニーの床面の3個所に配慮して職人が仕事をします。
やはりシーリングに頼る防水になります。
バルコニー床とサッシ下端の寸法も大きいほど安全です。

写真5·19　バルコニー壁際サッシ(4)

板を施工していますから、防水層からサッシ下端までの距離の最小120mmは、クリアーしているかもしれません。この距離がもっと大きければ、雨漏りについてはもっと安全です。

◈雪による影響も

ところで、この事例の所在地は雪国です。問題は、雪国にこのような条件が重なるとどういうことになるか？を考えてみます。バルコニーの床に雪が積もった場合には、いつまでも雪の水分が接触していることになります。ほんの小さなすき間でも、水が浸入する条件が揃ったことになります。きっちりとした施工ができない条件のところに、雪が積もると雨漏りは必然的です。毛細管現象により、じわじわ水分が上ってきます。小さなすき間から浸入した水は、構造体の木部に悪さをします。

◈雨漏りは傷みの原因

写真5·20は、それほどの被害は受けていませんが、水が浸入した

ところの構造体である梁は少し黒くなっています。比較的早く発見されたことで、被害は少ない状態です。この程度の被害であれば、構造体を取り替えるほどではありません。やはり、発見が早い、つまり現実に生活する建築主がときどき、小屋裏を点検することが良い結果となりました。異常の発見は早いに越したことはありません。

しかし、建築主によっては、心証を害され、取替えに発展する可能性もあります。いくら説明しても、雨が漏れたという事実によって、金物・釘類の錆びや木部の腐りを心配されるからです。住宅会社側としても話がつかない場合は、やりかえることが往々にしてあります。早く決着して、次の仕事に全力投球する方を選択した結果です。やはり住宅会社としては、雨の漏らない家を提供しなければなりません。

建築主にとっても、いちいち文句をつける必要のない家が良いのです。住宅会社に文句をつけるのは、実に大変なストレスになります。住宅会社側も、ストレスとコストがかかります。雨の漏らない家が良いのです。

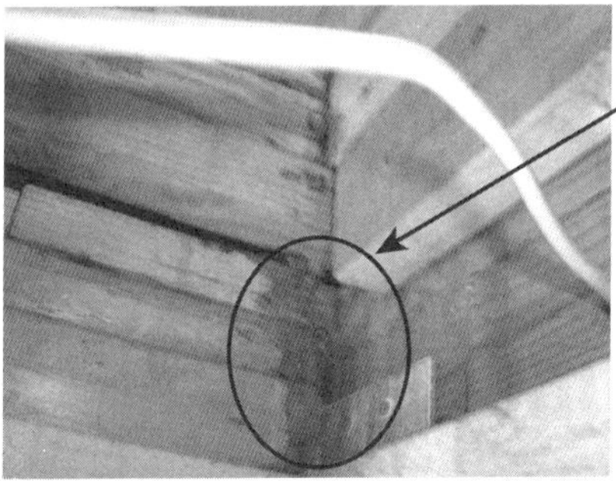

集成梁の雨漏り跡。
発見が早く大事には至っていません。

写真 5・20　構造材料の雨漏り跡

◈電食現象

サッシの材料はアルミニウムが一般的です。バルコニーの手すりなどの金属部分が、同じアルミニウム材料ならば問題はないのですが、異種の金属の場合はどうなるのかです。たとえば、アルミサッシとバルコニー笠木の亜鉛鉄板（銅板・ステンレス・ガルバリウム鋼板など）が接触するような場合は、電食という現象が生じて、きわめて早い段階で穴が開きます。外部は水がかかるところですから、異種の金属を接触させてはダメです。ステンレス板はオールマイティーというように考えがちですが、厳密には電食が生じます。基本的には、同じ金属材料を接触させるべきです。

◈バルコニーの必要性を再認識する

バルコニーを設計し施工するということは、雨漏りという点で、随分、大変なことであると理解していただけましたでしょうか。そして、その住まいで建築主が現実に住み始めると、洗濯物干ししか使われないバルコニーなら、施工する側にとっても、苦労の甲斐がありません。なかにはまったく使用することなく、洗濯物も室内に干される方もあります。この場合は当然、室内の表面結露の要因になりますから、良い住まい方ではありません。結露の発生については、建築主の住まい方が重要な要素になります。

バルコニーの幅はよいとして、奥行きの有効寸法を確認したうえで、そこで何をするか、何ができるのかをじっくりと考えてバルコニー採用の可否を決めてください。コストをかけても使用しないものなら、最初から造らない方が雨漏りの可能性は少なくなります。

コラム　雨漏りのデパート

写真の木造住宅は、自然環境の良い、閑静な高台の住宅地にあります。バス停から徒歩 10 分ぐらい登ったところで、イノシシ・タヌキ・キツネが出没します。

高台ですから、夜景が素晴らしいです。夏には夜景をつまみにビールを飲みながらゆっくりと過ごします。なかなかのものです。しかし、風雨の強い時はうなり声のような風音がします。生活環境は良いのですが、風の強さや落ち葉などは悪条件です。

下の写真をよく見てください。この本を読んだ結果、お気づきになりますか。

そうです。本書にでてきた、

パラペット・アール屋根・アール壁・フラットルーフ・内樋・軒の出なし・トップライト・バルコニー・勾配の緩い屋根・換気口なし（結露問題）

写真 5･21　雨漏りのデパート

写真 5･22　雨漏りのサンプル

等々、実に数多くの雨漏りの要注意点があります。まるで雨漏りさせることを目的とした住宅を、設計・施工したようなものです。

「雨漏りのデパート」「雨漏りのサンプルの家」

と呼べるのではないでしょうか。

現実には、結露は多いものの、通常のレベルの雨漏りはないようです。きっと施工が優秀なのでしょう。もっともここの建築主は、雨漏り･床鳴り・クロス・建具・設備など、住まいの不具合はいっこうに気にせず、良い自然環境のもと、実に快適に鷹揚に生活していますから、部外者の私がとやかく言うことではありませんが。

それにしても、なかなか格好の良い家ですが。

第6章
雨漏りさせないために

1 散水耐風性能実験

◈換気レジスターの性能を調べる

棟の換気トップや各換気部材メーカーの、各種の換気レジスターの雨漏り性能を調査しました。そして性能の良いものを採用しましょうという目的で実験を行ないましたので、ご紹介します。

◈棟換気トップ

換気トップとは、軒裏天井ではなく、屋根の最高部からの小屋裏換気の排出口です。換気を最高部から排出するので、効率がよいのですが、当然雨漏りの危険性は高まることになります。

1 実験の目的

各種換気ユニットについて、送風下における水密実験および飛散の有無を確認する。

2 実験装置

耐風圧試験用送風機および散水機を使用して、実験体に水を噴霧しながら任意の風速で送風できる。

3 実験方法

実験体全面の水平面に、240mm/時（過去、日本で最大の降雨量を想定）の水を噴霧しながら、送風し、実験体の小屋裏内部への漏水の有無、飛散の有無を観察する。送風方向は水平とし、送風を2段階に変化させ送風する。吹出し口から実験体までの距離は1.7m

とし、測定する。

4 実験条件

項　目	条　件
送風距離	1.7m
風速	30m/ 秒、60m/ 秒
散水量	240mm/ 時間（ただし風速 60m/ 秒を除く）
送風時間	5 分（各風速ごと）

5 実験結果

	風速・散水	漏水状況
実験体 S	30m/ 秒＋散水	棟木の一部が湿り、棟木上部に微量の水滴を確認。捨て水切りのすき間からの漏水で、端部の漏水はない
	60m/ 秒	飛散・損傷はなし
実験体 H	30m/ 秒＋散水	棟木の一部が湿り、棟木上部に微量の水滴を確認。エプトシール（コーキング）をしていないため端部から漏水した
	60m/ 秒	飛散・損傷はなし
実験体 K	20m/ 秒＋散水	棟木の一部が湿り、棟木上部に微量の水滴を確認。端部の漏水はない
	30m/ 秒＋散水	棟木全体が湿り、棟木上部に水が溜まる状態。垂木を伝い野地板に浸透
	60m/ 秒	飛散・損傷はなし
実験体 M	30m/ 秒＋散水	棟木全体が湿り、棟木上部に水が溜まる状態
	60m/ 秒	飛散・損傷はなし

写真6･1　散水試験（換気トップ）

6 考察

すべての場合で、少量の漏水が見られたが、非常に厳しい環境条件を設定した実験であることから、通常は問題ない。ただし実験結果より、立ち会ったメーカーの担当者が現実を見たわけで、より漏水しないように改善要望をした。耐風に対し、全メーカー問題なし。

◈換気ガラリ

1 実験の目的

換気ガラリについて、送風下における散水実験での室内側への水の浸入量を確認する。

2 実験装置

耐風圧試験用送風機および散水機を使用して、実験体に水を噴霧しながら任意の風速で送風できる。

3 実験方法

実験体全面の水平面に240mm/時の水を噴霧しながら、送風し、実験体の室内側への漏水の有無を観察する。送風方向は水平とし、送風を2段階に変化させ送風する。吹出し口から実験体までの距離は2.0mとし測定する。

実験架台は勾配部に合板を取り付け、風の巻上げを促す。架台の上に実験体パネルを取付け、通常の施工通りの防水状態とする。

4 実験条件

項目	条件
送風距離	2.0m
風速	30m/秒、40m/秒
散水量	240mm/時間
送風時間	3分（各風速ごと）

5 実験結果

		30m/秒＋散水		40m/秒＋散水	
		レジスター無	レジスター有	レジスター無	レジスター有
24時間換気	実験体M（上蓋有）	70cc	微量	40cc	微量
	実験体M（上蓋無）	440cc	微量	500cc	微量
		30m/秒＋散水		40m/秒＋散水	
小屋裏換気	実験体K	微量		45cc	
	実験体B	50c		210cc	
小屋裏換気	実験体S（順ガラリ）	80cc		500cc	
	実験体S（逆ガラリ	50cc		180cc	

6 考察

24時間換気ガラリについては、強風時には換気レジスターの効果から開閉を入居者側の管理で、閉める必要があることの、充分な説明を行う。

小屋裏換気ガラリについては、順ガラリより逆ガラリの方が、防水性能が良い。小屋裏換気ガラリの設置場所・条件により雨水浸入を皆無にすることは困難であり、ガラリから浸入した水を構造体に影響を及ぼす前に外部に排出する仕組みが必要である。

換気を行うために穴を開ける以上、風と雨量の条件により、漏水は必ず発生する。

結論としては、換気口を設けるということは、条件により雨漏りすることになります。

写真6・2　散水試験(換気ガラリ)

2 〈番外編〉結露による水漏れ

◈結露発生のメカニズム

雨漏りではありませんが、雨漏りと同じような被害が発生する場合があります。結露による被害です。雨漏りではなく、結露です。

前にも書きましたが、結露とは、室外の温度と室内の温度・湿度の条件により発生する水滴です。夏場に冷たいビール瓶を部屋に置きますと、間もなくビール瓶の回りに水滴がつく現象のことです。

冷たいビール瓶の表面に、室内の暖かい空気が触れ、ビール瓶の近くの空気温度が急激に下がったために起きた現象です。暖かい空気中では含むことができた水蒸気が、冷たい空気中では含むことができずに余って、ビール瓶の表面に水滴となってでてきたのです。つまり温度の変化により、保有できる水蒸気量が変わるということです。その境目の温度を露点温度といいます。この温度以下で結露が始まります。そして建物外部と建物内部の温度差が激しくなるほど、結露水は大量になります。

一般的には冬場の寒い外気に対して、建物内部を暖房しますと、温度差が大きくなります。断熱材のなかった昔は、いくら部屋内部を暖めても暖まりませんでした。またすき間も多くありましたから、日常的に換気ができ、結露による被害は少なかったのですが、現在の建物のように気密性・断熱性が上ると、結露による被害が多くなりました。

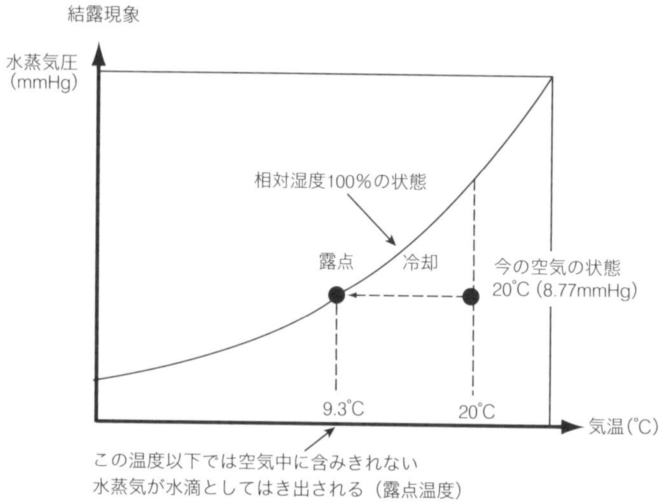
結露現象
水蒸気圧
(mmHg)
相対湿度100%の状態
露点
冷却
今の空気の状態
20℃ (8.77mmHg)
9.3℃
20℃
気温(℃)
この温度以下では空気中に含みきれない
水蒸気が水滴としてはき出される（露点温度）

図 6・1　略式空気線図

一方逆に、夏場の暑い外気に対して、建物内部を冷房しますと、温度差はやはり大きくなります。夏結露という現象です。やはり冬場と同じように結露が発生します。

要するに温度差があれば結露は生じます。この結露した水が、雨漏りと同じように悪さをすることになります。

◈結露が起る条件

どのくらいの条件で結露がおこるのか見てみましょう。詳しくは「空気線図」というものを参照しながら、温度条件をみればわかります。

たとえば、室内温度 20℃、相対湿度 60%の場合、結露が発生する室外温度は、以下のようになります。

アルミサッシ枠は	7.7℃
単板ガラス 3mm は	8.5℃
ペアーガラス 3 ＋ 6 ＋ 3mm は（6mm は空気層）	− 2℃
ペアーガラス 3 ＋ 12 ＋ 3mm は（12mm は空気層）	− 5℃

で結露発生となります。

ガラスが単層のシングルガラスは、温度を非常によく伝える性質をもっています。冬場の外気温度からして、室内の相対湿度が 65％前後になりますと、ガラスが複層のペアーガラスでもシングルガラスよりは良い条件ですが、結露発生がおこることになります。通常は、暖房室においては 60％未満であり、結露はおきにくい状態です。開放型ストーブの使用（特にストーブの上にヤカンを置いて水蒸気をバンバン発生させる場合は最悪となります）や、子供の多人数就寝の場合等、室内において水分発生が多い場合は、相対湿度が上がり、結露が発生します。住まい方の問題も大きく影響することになります。

非暖房室では室内温度が 8℃ 前後になり、湿気を含むことができなくなります。一方暖房室からは、湿気が非暖房室に流出します。相対湿度は 80％前後まで上昇する状態です。

◈結露を抑えるために

ペアーガラスでも、外気温度が 0℃ 前後であれば結露することになります。ペアーガラスは、結露に対しての条件はシングルガラスに比較して大変良いのですが、結露が起きないわけではありません。

起きにくいというだけです。よくサッシにペアーガラスを使用すれば結露が起きないという解釈をされる建築主がおられますが、そうではありません。住宅の営業マンの説明に問題があります。

結露を抑えるために、充分な換気をすることと、水蒸気の発生を抑えることが重要です。

①洗濯物を室内に干さない。
②室内の観葉植物鉢植えが出す水蒸気も無視できない。
③密閉型の暖房機や水蒸気が発生しない暖房機を使用する。
④風呂のフタは開けっ放しにしない。
⑤加湿器の使用は控えめに
⑥炊事や浴室の水蒸気を早く排出する。
⑦カーテンや障子は長時間閉めたままの状態にせず、こまめに開ける。
⑧就寝中に体から発散される水蒸気は無視できない。

◈不充分な小屋裏換気

写真6・3は、小屋裏の結露状況です。この建物は屋根が方形(ほうぎょう）という形状で、この屋根形状の場合は問題があります。屋

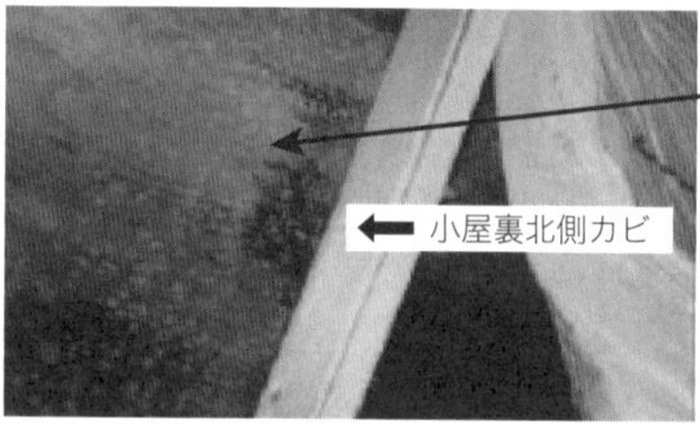
小屋裏北側カビ
北側の小屋裏に面した野地板はカビだらけです。
相当の湿気が溜まっています。

写真6・3　小屋裏結露によるカビ

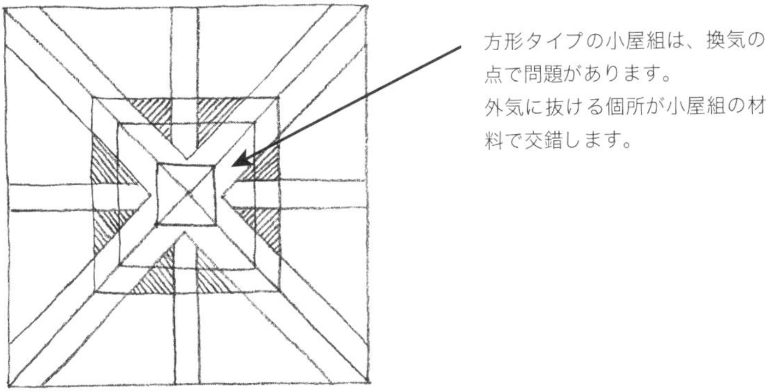
方形タイプの小屋組は、換気の点で問題があります。
外気に抜ける個所が小屋組の材料で交錯します。

図 6･2　方形屋根

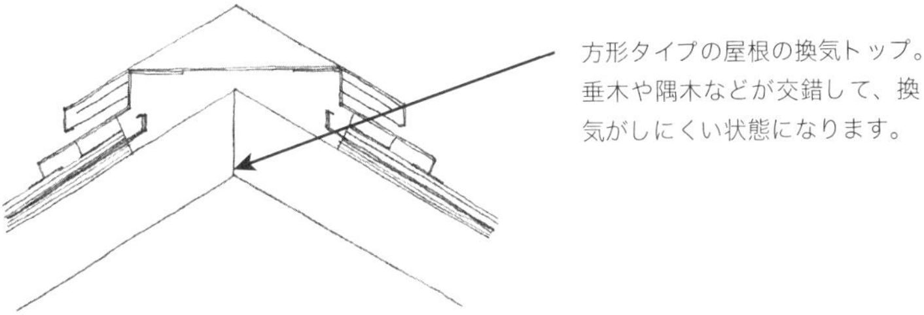
方形タイプの屋根の換気トップ。垂木や隅木などが交錯して、換気がしにくい状態になります。

図 6･3　方形屋根の換気

根の棟木に相当する部分がなく、屋根トップからの換気ができにくいことにあります。構造上どうしても少ない換気しかできません。

屋根の野地板では、北面全面に渡って、カビだらけの濡れた状態でした。小屋裏換気が不充分なために起こった現象です。

計算上は軒裏天井からの換気を計算にいれますが、現実は小屋裏で、太陽により熱せられた軽い空気が上昇するため、うまく換気ができません。屋根の最上部から空気を抜くことができれば（換気をすれば）、効率が良いことになります。

ただしここでも、問題の雨漏り対策は重要です。何しろ屋根に穴を開けて換気しようとするわけですから、失敗すれば即雨漏りになってしまいます。各メーカーが過去の経験を踏まえ、改善改良を繰り返したところです。

雨を入れないという絶対条件において、小屋裏の換気をしましょうということです。相反する条件を満たさなければならないため、基本的に難しいことなのです。

◈トップライトの結露

写真 6･4 は、筆者の小さな自宅の寝室にあるトップライトです。外国製の木製の大きなトップライトで、ペアーガラスです。冬場は毎日ガラスに水滴が付きます。取ります。またすぐに付きます。取りますの繰り返しです。したがって、トップライトを開けて換気をすることになります。ものの 1 時間も開けておくと、ガラスに発生した結露は見えなくなります。住宅では換気が重要です。最近は 24 時間換気が採用されますので、換気扇の作動を止めない限り、換

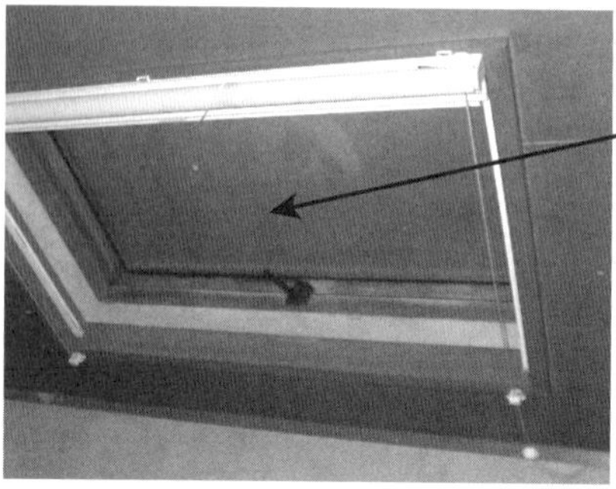

ペアーガラスに付着した水滴の多さに驚きます。
室内の温度･湿度、外気の温度によって、結露します。

写真 6･4　トップライト結露(1)

雫が垂れて、トップライトの木製枠を濡らし、やがて壁体内に水滴が浸入します。木枠は腐りかけています。

写真6･5　トップライト結露⑵

気は充分といえます。

もしも、新陳代謝の激しい小さな赤ん坊と両親が同じ部屋に寝れば、この結露はさらに多くなります。

観葉植物を置くと結露はさらに多くなります。洗濯物を室内で干すと、結露はとんでもない量になります。

しかし、通常は放っておく場合が多いと思いますが、これも結露の水滴がガラス面の勾配により垂れてきます。行き着くところは枠の木製部分の腐り、クロス下地の石膏ボードから内部へ入り、カビの発生につながります。時間が経つと真っ黒のカビだらけという場合もあります。これも放って置くと、腐朽菌・シロアリの発生や構造体の腐りになり、大変なことにもなりかねません（**写真6･5**）。

雨漏りも、結露による水滴も同じように、建物の構造体に悪さをします。カビ・ダニの原因になり、建物の気密性とあいまって、アトピーによる被害も増加しつつあります。建物の耐久性は、やはり換気がポイントになります。

◈冬でも換気は必要

最近は24時間換気が通常になってきました。すき間からの換気ではなく、計画換気として、給気口と排気口を明確にします。熱量のことが気になって、せっかくコストをかけて暖房した温度を換気によって排出するのは「もったいない」という気になります。住宅ではどうしても冬場の換気はされにくい傾向にあります。しかし、建物の耐久性という観点で考えますと、換気は必ずしなければならないものです。建物の換気の必要性はきわめて重要です。たとえ冬場の寒い時期でも、換気は必要なのです。換気が不充分な場合、結露の発生につながり、時間が経過すると**写真6･6**のように、外壁に藻を発生させる場合があります。

耐久性を上げて、建物を少しでも永く使うべきです。これが環境面で優しいということとイコールになります。日本では過去において、建物を建てて30年くらい生活した後、解体撤去し、また新築をしてきました。本当に使用に耐えることができなければ、仕方のないことと理解できますが、構造体はまったくといってよいほど、

築数年の比較的新しい建物ですが、外壁北面に藻が発生し始めています。
これは室内の暖房温度と外気温度の差による結露で、壁体内の断熱材が濡れて断熱性能が低下しています。この結露水により、藻が繁殖しつつあります。

写真6･6　外壁の藻

傷んでおりません。ただ飽きてイヤになっただけのことです。設備が陳腐化しただけのことです。表面の石膏ボードを１枚外してみるとわかりますが、きれいな構造体がみえてきます。表面だけがちょっと汚れてきただけです。

できるだけ耐久性をあげて、建物を永く使用することが、これからの環境面を配慮した住まい方です。したがって、それを拒む雨漏り・結露による被害は、管理をきちっと行って対策をしなければなりません。具合の悪い個所は、そこを直せばよいのです。リフォームして部分的に更新すればよいのです。建物を一気に全部を解体撤去、そして新築という選択肢を採用するときは、よく検討したうえでの結論にすべきです。

日本人は世界一の健康長寿国になりました。しかし、日本の住宅は、世界でも類を見ない短期間しか耐久性がないというデータになっています。これは大きな問題だと認識する必要があります。家を消耗品ではなく、耐久性のあるものとして大切にする文化が必要です。文化とは話が大きすぎますから、せめて自分からそのような考え方・行動をとるといったことから始めて欲しいものです。環境面では現在のことだけでなく、将来のことを含めた持続性のある発展を考えなくてはなりません。

3 〈まとめ〉雨漏りさせないために

いよいよ最後のまとめとなりました。

我々は、住宅の雨漏りをさせないために、具体的に何をどうすべきか？ ということになります。

いくつかの雨漏り事例を読んでいただきましたが、何となくこのあたりが雨漏りの問題点のような気がするという感覚になっていただけましたでしょうか。そのような何となく感じる部分というのはやはり、要注意点であることが多いのです。そのような点に気を使って設計・施工することです。

どのような場合でも、最良の対処方法は必ずあります。若干のコストアップはあるかもしれません。特別に対策を講じるわけですから、安くなることはないでしょう。このコストアップを、承知するか、しないかが問題となります。外観上まったく変更点は見えませんので、つい、かけたくないコストになりがちですが、この対策にたっぷりの打合せ時間と若干のコストをかけることにより、将来の雨漏りに対する結果が大きく異なってきます。

雨の漏れやすい部位を事前に想定します。想定するには感受性が必要です。本書を読んでいただき、かなりの感受性ができたと思います。せっかくできた感受性を、生かして使っていただきたいのです。ここが雨漏りしやすいのではというところを探し出してください。何もしないと忘れてしまいます。そして対策を講じることです。

最後に、メンテナンス費用を考慮した雨漏りの注意点について、まとめておきます。

設計上の配慮

①屋根形状はシンプルに（複雑な屋根は雨漏りの可能性大）

②屋根勾配を適切に（4～5寸を標準として最大3～6寸勾配）

③屋根・外壁などに取合いが少ないこと

④機能のない不必要なものは取り付けない（化粧の柱・胴差など）

⑤外壁の上下で仕様を変えない（見切り材で水を受ける）

⑥バルコニーの手すり壁に段差を極力つけない

⑦パラペット部分の納めに注意

施工上の配慮

①屋根に穴を開ける個所への注意
　トップライト・煙突・ドーマー・ルーフバルコニー・換気トップ

②外壁に穴を開ける個所への注意
　サッシ・シャッター、玄関・勝手口ドア、換気口、配管まわり

③軒先への注意
　軒の出の少ない（300mm 以下）場合

④屋根～外壁の取合い
　下屋取合い、小屋裏の換気、外壁の通気状況

⑤取り付け部材への注意
　バルコニー（掃き出しサッシ取合い、笠木、手すり、外壁の取合い）
　庇、シャッターボックス（コーナー部）、化粧部材

⑥その他
　捨てフェルトの使用、CS ガードの使用
　適切なシーリング材の施工個所、下葺き材の上下と重なり寸法

雨漏りする可能性の高い部位、つまり前ページの表のような問題点が、図面にあれば、どのような納まりになるのか（増張り補強などがされるのか）、契約見積もりに含まれている仕事の内容を確認します。住宅では、図面・仕様書にすべてが記載されないことも多くあります。しかし、そのような問題点を事前に想定し、あらかじめ打合せができれば、対策のやりようが明らかになります。

特別対策を講じたら、コストはどのようになるのか確認する。特別対策に要する材料代、手間賃を把握する。追加材料の量はわずかです。

最初から施工すれば、手間賃は何時間も必要としません。

雨の漏れる住まいは、ストレスが溜まります。

雨の漏れない住まいは当然ですが、ストレスがなく健康的です。不要な出費もありませんので幸福です。

最後まで読んでいただき有難うございました。感謝です！！！

おわりに、謝辞

私の大学の先輩である㈲荒川技術コンサルタントの荒川治徳氏とは、大学の建築学科関連の会で話をする機会がありました。氏が『建築トラブルにみる常識非常識』（学芸出版社）を出版されたときから、住宅のトラブルについて話をする機会が増え、紹介いただいた日本建築協会の出版委員会の毎月の会議に出席するようになり、今回の出版の機会をつくっていただきました。

私は住宅業界に入って、工事現場・技術系の仕事をするようになってちょうど30年になりますが、人生の一区切りとしてのまとめと、生きた証としての良い記念になりました。

日本建築協会の出版委員会のメンバー各位には毎月の会議において、貴重な助言を頂戴するとともに、励ましていただきました。

図版のスケッチは図面のセンスのない私に代わって、松井芳昭氏に描いていただきました。ガムスター㈱藤井正久氏には下葺き材関連の資料を、㈱マエダの斉藤隆史氏にはシロアリ関連、双和化学産業㈱石飛淳二氏にはFRP防水関連、そして富士川建材工業㈱柳重典氏には左官関連の資料を提供いただきました。

㈱学芸出版社の編集長：吉田隆氏、編集：知念靖広氏・越智和子氏には永らく出版に向けて、いろいろと援助していただき、感謝申し上げます。

このように実に多くの方々からの協力を得ることができました。そして永い時間がかかりましたが、やっと本書が誕生致しました。皆様にこの場を借りて深く感謝し、心よりお礼申し上げます。

有難うございました。

玉水新吾

著者紹介

玉水新吾（たまみず　しんご）

1953年京都市生まれ。名古屋工業大学建築学科卒業後、1976年から大手住宅メーカーにて、住宅現場の施工管理・品質保証・工程・安全衛生・技術研修教育・知的財産など技術系の仕事全般を34年経験。

現在は独立し、1級建築士事務所「ドクター住まい」主宰、大阪地裁民事調停委員、大阪簡裁司法委員。

ＨＰ：ドクター住まい　https://www.doctor-sumai.com

資　格：一級建築士・一級建築施工管理技士・一級土木施工管理技士・一級造園施工管理技士・一級管工事施工管理技士・宅地建物取引士・インテリアプランナー・インテリアコーディネーター・コンクリート技士・第1種衛生管理者

講　師：木建作業主任者、足場作業主任者、職長教育、事業主研修、RST講座、安全大会、各種技術研修、一級建築士学科講習（施工）、一級建築施工管理技士講習等

特　許：土台下パッキンおよびそれを含む建物の換気装置、基礎型枠セパレーター、換気水切り、減振装置、小屋裏換気構造、隅木取付用墨付け治具等

著　書：『建築主が納得する住まいづくり』『写真マンガでわかる建築現場管理100ポント』『写真マンガでわかる住宅メンテナンスのツボ』『写真マンガでわかる工務店のクレーム対応術』（共著）『建築現場のコンクリート技術』（共著）『図解　雨漏り事件簿　原因調査と対策のポイント』（共著）（以上、学芸出版社）、『ＤＶＤ講座　雨漏りを防ぐ』（日経ＢＰ社）、『住宅施工現場のカンタンＣＩＳ（近隣対策編）』（ＰＨＰ研究所）

図版スケッチ：松井芳昭

参考文献

「建築漏水」編集委員会編『水にまつわるトラブルの事例・解決策〈建築編〉』学芸出版社

荒川治徳『建築トラブルにみる常識非常識』学芸出版社

『1級建築士養成講座テキスト　学科Ⅳ施工』総合資格学院

『サッシまわりの雨水浸入防止対策（木造住宅用）』日本サッシ協会

〈プロのノウハウ〉

現場で学ぶ 住まいの雨仕舞い

2006年6月30日　第1版第1刷発行
2021年9月30日　第1版第6刷発行

企　画………社団法人 日本建築協会
〒540-6591
大阪市中央区大手前1-7-31-7F-B
著　者………玉水新吾
発行者………前田裕資
発行所………株式会社 学芸出版社
京都市下京区木津屋橋通西洞院東入
電話075－343－0811　〒600－8216
印　刷………創栄図書印刷
製　本………山崎紙工
装　丁………KOTO DESIGN Inc.
イラスト………野村　彰

ISBN978-4-7615-2390-9